POÉSIES NOUVELLES

Par M. J. VAULOUP

ANCIEN CHEF D'INSTITUTION LIBRE D'INSTRUCTION SECONDAIRE

A COUTERNE *(Orne).*

OU

RECUEIL

DES PRINCIPAUX MORCEAUX DE SES POÉSIES

CLASSÉS DE MANIÈRE A OFFRIR

Un ensemble d'exemples dans presque tous les genres

En tête sont donnés les principes

et les règles applicables à chaque espèce de Poésie.

———

Omne tulit punctum qui miscuit utile dulci.
Hor.

Heureux qui, dans ses vers, sait d'une voix légère,
Passer du grave au doux, du plaisant au sévère,
Boil.

—◦◦◦◦◦◦— ◦ —

ALENÇON

E. DE BROISE, Imprimeur & Lithographe

PLACE D'ARMES

—

1870

Cet ouvrage ne se trouve que chez l'auteur.

RECUEIL

DE

POÉSIES NOUVELLES

POÉSIES NOUVELLES

Par M. J. VAULOUP

ANCIEN CHEF D'INSTITUTION LIBRE D'INSTRUCTION SECONDAIRE

A COUTERNE *(Orne).*

OU

RECUEIL

DES PRINCIPAUX MORCEAUX DE SES POÉSIES

CLASSÉS DE MANIÈRE A OFFRIR

Un ensemble d'exemples dans presque tous les genres

En tête sont donnés les principes

et les règles applicables à chaque espèce de Poésie.

Omne tulit punctum qui miscuit utile dulci.
Hor.

Heureux qui, dans ses vers, sait d'une voix légère,
Passer du grave au doux, du plaisant au sévère,
Boil.

ALENÇON

E. DE BROISE, Imprimeur & Lithographe

PLACE D'ARMES

1870

Cet ouvrage ne se trouve que chez l'auteur.

DEVISE ÉPIGRAPHIQUE

Duplex libelli dos est : quòd risum movet,
Et quòd prudenti vitam consilio monet.

Phœd.

TRADUCTION (DEUX TERCETS).

Dans ce petit ouvrage,
Les ris, le badinage,
Et le conseil prudent
Font un tout concordant;
Ont le double avantage
De plaire en amendant.

DÉDICACE

—

A vous, lecteur *ami*, sympathique, je dédie, j'adresse et offre ce recueil de poésies variées, fruit de mes labeurs, comme aussi de mes délassements. Puisse ce qu'il renferme d'enjoué vous être agréable, et ce qu'il y a de sérieux vous faire d'utiles et profondes impressions!

Dans *l'avertissement* vous allez lire ces mots : *je ne l'adresse qu'à des amis; mais ils sont rares du temps qui court.* Assertion profondément vraie aujourd'hui. En était-il autrement dans les siècles passés? je l'ignore; mais je sais qu'il y a long-temps qu'on a dit pour la première fois :

Vulgare amici nomen; sed rara est fides.

PHOED.

Le nom d'ami est commun, mais l'ami fidèle est rare.

Oui, nous sommes dans la nécessité d'avouer que, de nos jours, l'égoïsme prime, gagne démesurément du terrain, et s'épand au loin, comme un miasme contagieux. On nierait vainement l'influence délétère de certains milieux; il est de ces courants qui, à la longue, désorganisent les âmes, même les plus solidement trempées.

Certes l'égoïsme, cet antagoniste de la vraie fraternité, a sa source dans l'oubli des principes évangéliques ; les aspirations ne tendant plus guère qu'au bien-être matériel. Malgré le débordement, ne soyons pourtant pas trop hargneux à l'égard de notre siècle, et convenons qu'il compte encore beaucoup de ces cœurs nobles, de ces âmes vigoureuses qui savent résister aux influences et s'en garantir. Ces âmes, quoique des distances les séparent, sont cependant amies par la conformité des convictions et des aspirations. Opérez les rapprochements, l'assimilation s'effectuera. Donc, comme toujours, s'il y a du pénible, il y a du consolant. Si notre siècle a ses hontes, il a ses gloires.

Puisse mon travail (c'est mon vœu en l'expédiant) ne tomber qu'en des mains de cette dernière trempe, et ne rencontrer jamais de ces cœurs antipathiques, moroses et atrabilaires !

Tels sont, lecteur *ami*, les sentiments de votre respectueux serviteur.

J. Vauloup.

AVERTISSEMENT IMPORTANT

—

Je cède à l'envie de faire imprimer, à un petit nombre d'exemplaires, un recueil des principaux articles et morceaux de mes écrits en vers; de ceux, je l'avoue, qui m'ont paru être les mieux réussis, et devoir intéresser davantage. Certes, je ne vise pas à la publicité; je veux seulement faire part de ce recueil aux personnes qui, je crois, me portent intérêt, ou qui m'honorent de leur sympathie; enfin à des *amis*, chose si rare du temps qui court. C'est donc une espèce de communication confidentielle, rien de plus.

Je serai heureux, très-heureux si ce recueil peut être agréable, et, par quelque petit côté, un peu utile.

Jadis (1852, 1855) j'adressai aussi à des *amis* deux opuscules en vers, traitant uniquement de sujets lugubres, à l'occasion de la mort d'une mère dont le souvenir ne me quittera jamais. Comme il arrive toujours, ces petits ouvrages rencontrèrent des approbateurs, des improbateurs, des appréciateurs, des gloseurs; ces derniers se hâtèrent d'attribuer mon travail à une aptitude pour cette spécialité, *nec plus ultrà*. Leurs réflexions ont peut-être contribué à la production de ce recueil qui, renferme, comme on dit proverbialement, *un peu de tout*. Croyez-vous, hommes sensés et sensibles, découvrir dans ces récinies (1) quelque petit grain de gloriole?... Ah ! pardonnez-le-moi bien vite; il est minime, je vous l'assure.

Donc ce recueil est une variété complète de genres, de tons, de caractères, de nuances enfin plus ou moins déterminées ; toujours dans le but de satisfaire tous les goûts : *sensus ut delectet varietas*. (Phœd.).

J'ai apporté le soin le plus scrupuleux dans le choix des morceaux, afin de vérifier ma devise du prologue, *l'utile et l'agréable*.

Les sujets de ce recueil sont presque tous religieux ; il peut donc être laissé entre les mains les plus délicates. Certes la poésie est bien capable de parler le langage de la religion, de la piété même la plus tendre et la plus affectueuse. C'est le premier usage qui en a été fait. Dans son origine elle n'était même employée qu'à célébrer la grandeur et les bienfaits de la divinité. Plus tard, elle est devenue le langage de la passion ; elle a exalté les grandes actions des héros, et chanté tout ce qu'il y a d'admirable et de merveilleux dans la nature.

(1) Récinies, chants nouveaux, du latin, *recinere*. (Voir dict. N. Landais).

Les quelques pièces enjouées et satiriques qui se trouvent dans ce recueil n'ont trait qu'à des abus ou des ridicules d'actualités et de localités, plus ou moins rapprochées, mais sans viser jamais aux personnes.

La jeunesse ivre de plaisirs, pour qui l'avenir ne se présente que comme une pensée riante et légère, ne goûtera sans doute de ce recueil que l'enjoué et l'amusant, sans sembler croire à la réalité du sérieux; mais pour l'homme grave qui chaque jour voit le but moins éloigné, à qui même déjà le port apparaît, ah! quant à celui-là, les pensées sérieuses provoqueront assurément la réflexion...., la réflexion salutaire!

. . . .
. . . .

Enfin, si dans ces vers, je ne plais et n'instruis,
Il ne tient pas à moi; c'est toujours quelque chose.

(LA FONT.).

Je n'ai point la prétention de donner comme de moi les définitions et les préceptes qui précédent chaque genre et chaque espèce de poésie. Je déclare au contraire avoir tout puisé aux meilleures sources : ROLLIN, MARMONTEL, BOILEAU, J.-B. ROUSSEAU, LA HARPE, *lettres sur la naissance, le progrès et la décadence du goût et sur la poésie*, etc.... Je ne revendique d'autre mérite, pour ces préceptes, que celui d'avoir consulté les meilleurs auteurs et d'avoir, à leurs dépens, fait des abrégés.

Je me demande pourquoi, dans ce recueil, donner des définitions, des préceptes ; les *amis* auxquels je l'adresserai ne sont-ils pas, pour la plupart, connaisseurs, lettrés et de beaucoup supérieurs à moi ? Ah ! c'est que, après quarante années passées dans l'enseignement, subjugué par l'habitude, je crois peut-être parler encore à des écoliers. Je subis, je suis la pente qui m'entraîne vers le précepte.

Je n'attache, on peut m'en croire, qu'une importance bien secondaire à la forme donnée à certaines pièces, où l'on pourrait dire : *difficulté vaincue*. Je sais trop bien que ce ne doit être là ni le but ni le mérite d'une composition. Cette forme, sorte d'amusement, ne figure donc que comme assaisonnement pour certains goûts. Enfin, si dans ce recueil on trouve quelque chose de bon et d'amusant, mon but sera atteint, je serai content.

Sans me préoccuper d'idées assombries, au sujet de l'accueil qui sera fait à cet opuscule ; sans m'escrimer d'avance dans le but de sa défense, je conviens que dans le domaine de l'intelligence, la variété des goûts est extrême. Les différences qui existent dans le caractère et le genre de sensibilité des hommes, apportent des nuances bien nombreuses, et quelquefois fort tranchées, dans leur manière d'apprécier le même objet. (1) ainsi tel lecteur, faute de connaissances, ou doué d'une sensibilité peu sympathique, n'éprouvera qu'un plaisir assez faible, en présence de l'œuvre où il a fallu plus de labeur et d'art, pour la concevoir et l'exécuter. Un ouvrage bon, passable, n'a certes à craindre que le censeur fat, et qui n'a reçu en partage qu'une faible dose de bon sens et d'instruction. L'homme de génie, lui, est toujours indulgent; il voit les difficultés, les efforts, apprécie au moins la bonne volonté, et, comme le charitable de l'Evangile, *non æmutatur.*

Nota. — Je voulais faire précéder ce recueil par un autre ouvrage que je travaille depuis plusieurs années, écrit en prose, et une partie en vers. Ce livre sera intitulé : *notes, anecdotes* et *biographies Couternoises,* depuis un demi-siècle. Biographies au point de vue anecdotique seulement.

Cet ouvrage étant loin encore d'être achevé, je fais prendre le devant au présent *Recueil de poésies.*

Dire la vérité sur tout et sur tous, — sans s'oublier soi-même, — juger avec une sereine impartialité les cho-

---

(1) « *Non eadem miramur, eò disconvenit inter*
« *Meque et te : nam quæ deserta et inhospita tesca*
« *Credis, amœna vocat mecum qui sentit; et odit*
« *Quæ tu pulchra vocas.* »

(hor. epist. xiv, *lib.* l).

Les vers latins ci-dessus sont le texte original qui a fourni matière au dernier alinéa de l'avertissement qu'on vient de lire.

Je fais cette observation en faveur des personnes qui ne connaissent pas la langue latine.

ses, les faits et les personnes qui *extérieurement* méritent mention bonne ou mauvaise, que l'apparence soit physique, intellective, religieuse, etc., n'est, certes, pas si aisé qu'on pourrait le croire. Moi-même, quand je commençai ce travail, je n'en prévoyais pas toutes les difficultés. Très-souvent, et forcément je l'avoue, pour pouvoir dire ce qui est à dire, j'ai recours à d'innocents subterfuges; alors intervient la prudente allégorie.

> Couvert d'une peau diaphane et pareille,
> Ne laissant entrevoir que le bout de l'oreille.

Ce livre sera, pour les petits-neveux, un moyen de connaître et d'apprécier les us et coutumes, et les actes de leurs devanciers.

Dans cet ouvrage inachevé, je fais entrer une notice sur notre vénérée chapelle de **Lignou;** notice non basée sur les légendes connues, peut-être merveilleuses, mais toutes peu dignes. — **Origine de la chapelle, — ses accroissements, — causes de la vénération dont elle est l'objet,** — tel est mon plan. Quant à l'origine ou fondation, je doute fort qu'elle puisse jamais être précisément assignée. Moi, dans mon investigation, en reculant de plus de cinq siècles, je trouve la chapelle de **Lignou** comme accessoire au blason seigneurial de Couterne. Donc, dès lors, ce n'était pas un simple oratoire, mais bien un lieu important : toujours sous la dénomination de *Notre-Dame de* Lignou et non de Lignon, (1) comme depuis peu quel-

---

(1) Lignon est une petite rivière qui vient se jeter dans la Loire, un peu au-dessous de Feurs. C'est sur les bords du Lignon que d'Urfé a placé la scène de son roman d'*Astrée*.

(Voir Florian, N. Landais, Ansart, Cortambert, etc.)

qu'un l'a gratuitement prétendu. J'ai aussi entre les mains des titres authentiques de legs assez considérables faits, en ces temps reculés, à ladite chapelle. Donc elle avait alors une existence avouée et préconisée. Pour mon premier point, **l'origine,** j'ai encore à consulter les archives de Falaise, notre ancien chef-lieu de bailliage et vicomté.

Vous devez voir, cher lecteur, que je me suis imposé là une tâche longue et peu aisée.

NOTICE SUR LA POÉSIE EN GÉNÉRAL

ABRÉGÉ TIRÉ EN PARTIE DE MARMONTEL.

La poésie est une peinture qui parle, ou si l'on veut, un langage qui peint. Elle est l'imitation de la belle nature, par langage mesuré.

« L'idée que j'attache à la poésie, dit Marmontel, « est celle d'une imitation en style harmonieux, « tantôt fidèle, tantôt embellie, de ce que la na- « ture, dans le physique et dans le moral, peut « avoir de plus capable d'affecter, au gré du poëte, « l'imagination et le sentiment. »

Les trois facultés de l'âme, d'où dérivent tous les talents littéraires, sont l'esprit, l'imagination et le sentiment.

Dans le poëte, c'est l'imagination et le sentiment qui dominent ; mais si l'esprit ne les éclaire, ils s'égarent bientôt l'un et l'autre, et l'esprit n'est pas moins essentiel au poëte qu'au philosophe, à l'historien, à l'orateur.

La réminiscence des objets sensibles devient, pour la plupart des hommes, par la réflexion, par la contension de l'esprit, assez vive, assez détaillée pour servir de modèle à la poésie. Il en est ainsi de tous les tableaux, dont les objets tombent sous les sens : plus on y réfléchit, plus ils se développent, et plus l'imagination en voit les détails.

Mais il ne faut pas confondre avec cette imagination, un don plus précieux encore et plus rare ; celui de revêtir le caractère du personnage que l'on veut peindre, d'en prendre les inclinations, les intérêts, les sentiments, de se mettre à sa place, en un mot.

Si beaucoup de poètes savent peindre ce qui frappe les sens, il en est très-peu qui sachent développer ce qui se passe au fond de l'âme. Pour cela, il faut avoir profondément étudié la nature, et sondé le cœur humain. L'imagination du poète peut donc être frappée, sans que le cœur soit ému.

L'enthousiasme n'est pas une fureur vague et aveugle ; c'est la passion du moment dans sa vérité ; sa chaleur naturelle. Si l'imagination du poète est frappée, et que son cœur soit en même temps ému, il peut espérer du succès dans sa peinture.

Le goût, un des talents du poète, indiquera les objets qu'il faut peindre en détail, et ceux qu'il ne faut qu'indiquer.

Un don qui n'est pas moins essentiel au poète que ceux de l'esprit et de l'âme, c'est une oreille délicate et juste. Celui à qui le sentiment de l'harmonie est inconnu, doit renoncer à la poésie. Cette harmonie (harmonie du style), résulte du choix judicieux, et de l'heureux arrangement des termes et des sons ; c'est l'art de disposer les tours, les mouvements, le ton, de la manière la plus convenable au caractère des idées, des images, des sentiments qu'on veut exprimer.

Quant aux règles particulières à chaque espèce de poésie ; quant aussi au mécanisme du vers, la rime, la mesure, la cadence, il doit en être fait une étude spéciale.

—

Je reproduis dans ce recueil plusieurs fragments des pièces contenues dans mes opuscules de 1852 et de 1855, parce que ces fragments me paraissent convenables et acceptables ; et aussi afin que les personnes qui n'ont pas eu connaissance de ces opuscules, puissent en avoir un aperçu.

DIVISION DE L'OUVRAGE

—

Sans m'astreindre scrupuleusement aux divisions classiques, concernant la poésie, moi, je divise ce recueil en quatre parties principales, ou genres, dont chacune renferme les espèces de poésies qui semblent naturellement se rattacher au genre qui fait tête.

PREMIÈRE PARTIE

—

POÉSIES NARRATIVES ET DESCRIPTIVES

1º Apologues ou fables ; 2º Contes ; 3º Complaintes ; 4º Idylles.

DEUXIÈME PARTIE

—

POÉSIES FUGITIVES

1º Chansons ; 2º Énigmes ; 3º Logogriphes ; 4º Charades ; 5º Anagrammes ; 6º Inscriptions ; 7º Epigrammes et satires.

TROISIÈME PARTIE

—

POÉSIES SENTIMENTALES ET LYRIQUES

1º Romances ; 2º Madrigaux ; 3º Epitaphes ; 4º Elégies ; 5º Sonnets ; 6º Odes ; 7º Cantates.

QUATRIÈME PARTIE

—

POÉSIES DIDACTIQUES

1º Fragments, tableaux philosophiques ; 2º Stances philosophiques ; 3º Prières liturgiques, mises en vers français ; 4º Epîtres religieuses.

PROLOGUE

—

Lecteur, sois indulgent ; je ne suis pas habile :
Esprit un peu rétif, plume souvent mobile...
Cet aveu n'accroît point de mes écrits le nom !
Tout, je sais, n'y rit pas, tout n'est pas roses — non.
Eh bien, dans ce recueil, l'*utile et l'agréable*,
Uniquement admis, font un tout recevable.
Rire parfois, chanter ; souvent triste, pleurer...

Sont les fibres du cœur, et je les fais vibrer.
Oh ! j'ai su mettre à part, j'ai pu livrer aux flammes
Démistes écrits, nombreuses épigrammes.
Séquestrer c'est beaucoup !... Si l'on veut un fruit bon,

Il ne faut pas enter sur douteux sauvageon.
N'en parlons plus ; mais mieux, fournissons la carrière.
Damné qu'en dira-t-on, tu ne me gênes guère.
Unir l'acte au penser, pour moi voilà le beau.
Livre ou pioche à la main, toujours jusqu'au tombeau.
Glanant, notant, piochant : honni qui mal y pense.
En bas, malin censeur, lis ma seule défense... (1)
Nul ne va me taxer d'être désobligeant :
Terme égal au début : *Lecteur sois indulgent.*

. . . . (1) *Malignitas,*
. . . . . *dum non. . . . obtrectet, licet.*

(Phœd. prologue du livre 4°).

PREMIÈRE PARTIE

—

POÉSIE NARRATIVE ET DESCRIPTIVE

——

1º De la Fable.

L'apologue ou la fable, est un petit poëme épique où, avec l'air d'une simplicité crédule, on présente une vérité morale, sous le voile d'un conte ingénu.

L'image dont on se sert, pour envelopper cette vérité, doit être juste et naturelle, c'est-à-dire conforme aux idées que les hommes en général ont des choses. La fable est un bon moyen pour inculquer des vérités sérieuses; aussi de tout temps, et chez tous les peuples, a-t-elle toujours été employée, même par les savants les plus graves, pour rendre l'homme meilleur. Elle est le tableau fidèle où chacun se trouve dépeint.

Le récit doit être animé, clair et précis. Il faut savoir attacher l'esprit aux plus petits objets, savoir appliquer de grandes comparaisons aux plus petites choses. Ménager de courtes descriptions qui jettent du gracieux dans la narration. Semer de temps en temps quelques réflexions rapides comme des traits vifs qui frappent l'esprit; peindre le sentiment avec la naïveté qui le caractérise; en un mot, imiter la nature.

La fable, ainsi que le conte, l'idylle, le madrigal et plusieurs autres petits poëmes ne sont assujettis à aucun rhythme régulier. Le poëte étant bien pénétré de son sujet, et se livrant aux mouvements de son âme, l'harmonie naîtra comme d'elle-même, par un heureux arrangement ou mélange des rimes et des mesures, des sons et des nombres.

Le style de la fable doit être simple et familier, comme étant le plus propre à faire éclore ces grâces naïves qui enchantent, et à conserver au récit ce beau naturel qui nous ravit. Il faut que nulle part on ne sente le travail ni la gêne. Mais ce style familier ne laisse pas d'avoir son élégance : l'air aisé le caractérise, quoiqu'il soit souvent plus difficile à trouver que le style soutenu. Par exemple, ne serait-on pas tenté de croire, à cause de l'extrême naturel de ses charmants récits, que l'inimitable La Fontaine produisit ses fables sans préparation, sans recherches, sans effort, comme l'arbre produit son fruit; on dirait enfin que ses fables sont tombées de sa plume. On s'abuserait grandement. L'excellent fabuliste, pour enfanter ces chefs-d'œuvre, a certes médité très-profondément; s'est livré à une grande étude, à un travail assidu, a suivi enfin ces ingénieux préceptes de Boileau :

. . . .
Avant donc que d'écrire, apprenez à penser.
. . . . et sans perdre courage
Vingt fois sur le métier remettez votre ouvrage.
Polissez-le sans cesse, et le repolissez.
Ajoutez quelquefois, et souvent effacez.

(Art. poét.).

Et en parlant de lui-même, Boileau dit encore :

Ainsi recommençant un ouvrage vingt fois,
Si j'écris quatre mots, j'en effacerai trois.

(Sat. II.)

Telle fut la méthode de La Fontaine. On en a pour preuve bien concluante quelques brouillons manuscrits de ses fables que l'on possède, et dont les nombreuses corrections attestent la patience et le travail opiniâtre de l'éminent auteur.

Je donne ici deux de mes fables.

A l'instar des deux recueils de La Fontaine, le genre de ces deux fables diffère en ce que dans l'une, la première, on trouve beaucoup plus de traits familiers et de tours enjoués, de puérilités enfin, pour parler comme La Fontaine; dans l'autre, on use plus sobrement de ces tours : il y a plus de sérieux, et des circonstances plus étendues. Ces deux fables sont suivies d'un fabliau ou petit conte rimaillé.

FABLE Ire

—

LES CHATS ORGANISANT UN CLUB DE SALUT PUBLIC

Comme les rats de La Fontaine,
Messieurs les chats trouvant leur sort
Dur, jours précaires, fin vilaine,
Partout vexés, jamais aubaine,
Vont, dans un club, tous faire effort
Pour améliorer leur sort....
Quoi! nous zélés, n'avoir que restes!
Toujours chassés comme funestes;
Lécher les plats, sucer les os!
Encor faut-il être dispos....
Finissons-en; mais de l'entente!...
Et bref, le jour, le lieu — C'est une affaire urgente —
Tout est réglé, fixé, le Major est choisi.
Pour ce, chacun s'apprête, aiguise son lazzi.
Par là, j'entends harangue,
En bonne et pure langue.
Chut! les voici, bien peignés, bien léchés;
Lestes, guindés, enfin endimanchés.
Marchant avec mesure,
A petits pas comptés.
Ils ne sont plus roture;
Ce sont des Majestés!...

Le Major entre... Paix !... la séance est ouverte.
La parole est donnée à la langue diserte...
Mais... quoi donc? nos Messieurs se lorgnent de travers.
Grondent, font le gros dos, prennent un port devers..
Voilà Grippeminaud, Raton, Minet qui biaisent;
Et Raminagrobis, Rodillard se taisent!...
Que dis-je? hélas plutôt! j'entends des cris confus;
De tons, de sons mêlés, c'est un flux et reflux.
L'un miaule en grondant, comme un tigre en furie;
L'autre roule sa voix, comme un enfant qui crie.

  Enfin c'est un vrai sabbat ;
  Chacun pour son saint combat.
  Mais de l'affaire commune
  Rien : tout est pour la rancune.

Alors un des votants d'un ton officieux :
Major, dit-il, voilà, — c'est, selon moi, le mieux, —
Seul, menez tout à bien : chez nous haine, égoïsme
Empêchent bon accord, établissent le schisme...
 Nous citoyens, regagnons nos logis,
 Allons sucer quelques os d'abatis...

   Là finit la mêlée,
  Sans affaire réglée.
  Ainsi, Messieurs les chats,
  Vous restez lèche-plats.

Cette fable nous dit que les gens sans vergogne
Font beaucoup trop de bruit, et trop peu de besogne.
  Ne voyant qu'au bout de leur nez,
  Ils vont comme vous les menez.
  Se livrant à leur convoitise,
  Tentent souvent folle entreprise.
  Dit surtout que ressentiment,
  En affaires, nuit grandement.

Mais, va dire un malin, c'est plutôt la censure
De maint conseil bourru, d'aigres débats sans fruit.
Puis un autre malin : des frondeurs c'est l'allure,
  La gamme, le vain bruit.
  Juste ou non, la morsure
  Est le droit d'usufruit.

FABLE II°

—

LE CHEVAL COURAGEUX ET SON INGRAT MAITRE :
OU SERVICES MAL RÉCOMPENSÉS

  De tous les animaux,
  Le plus utile à l'homme,
  Souple pour tous travaux,
  S'excédant sous la somme,
C'est le cheval; il aime à le servir,
Et même meurt, pour lui mieux obéir.
Envers ce brave, hélas! peut-on le croire,
L'homme souvent devient ingrat notoire!
Dans une métairie, entouré de doux soins,
Un poulain s'élevait repu des meilleurs foins;
  Et ses vives prouesses
  Lui valaient des caresses.
Bientôt la force vint; hélas! au dur labeur
Il fallut se livrer, y perdre sa fraîcheur.
Bref, il fut un héros pour toutes les corvées,
Si bien qu'en peu l'on vit ses forces énervées.
  Alors les gros jurons,
  Le fouet, les éperons,

Tout tombait comme grêle
Sur ce corps sec et frêle.
D'un travail excessif l'effet prématuré,
Motive des brutaux l'arrêt dénaturé :
Il n'est plus bon à rien, il faut nous en défaire
Une bouche de trop, sa peau n'est pas salaire.

Qu'il aille ailleurs périr ;
Il ne peut que maigrir ;
Et qu'il cherche pâture
Au loin, dans l'inculture.
Tel fut, au coin du feu,
L'abominable vœu
Formé par l'ingrat maître ;
Et tous de s'en repaître.
Or dès le lendemain,
Levés de grand matin,
Valets, maître, on s'apprête,
Jusqu'au petit gamin,
A cette horrible fête...
Les voilà... pauvre bête !

Non, ce n'est pas l'avoine.... On vient te déloger ;
De toi l'on ne veut plus : tu deviens boçager...
On prend jusqu'au licol, signe de l'esclavage,
Qu'on lui laissait toujours, et même au pâturage.

A coups de fouet on le poursuit,
Hors des enclos on le conduit.
Le malheureux ! il se résigne,
Il obéit à la consigne...
On surseoit, le voyant filer.
Au tournant, prêt à s'exiler,
Il se détourne, hélas ! pour voir ce maître,
Pour voir encor les lieux qui l'ont vu naître.

A courir sus, on hâte lo mâtin
Qui jusquo là suivait d'un air mutin.
  Oh! co nouvol outrago
  Au banni donne rage.
Aussi toi, vil flatteur, commo moi vioux pelé!
A ton tour, sot Clabaud, tu viens crier tollé!
  Va-t-en, bêto sorvilo;
  Sois-leur toujours utilo,
  Sinon, la pierre au cou,
  Tu boiras tout ton soûl...
Il dit, ot lentement, tristement s'achemine
Dans un morno chagrin, à ses maux il rumine.
  Broute de temps en temps
  La pousse du printemps.
  So dirige vers la bruyèro
  Pour y soutenir sa misèro.
  Là du moins, ni traits ni bâts,
  Et surtout loin des ingrats.
Après un long chemin, toujours disant sa plainto,
Ses maux passés, présents et sa future crainte,
  Il longeait un enclos.
  Un cheval gros ot gras,
  Y paissant l'herbe tendro,
  Venait do tout entendre.
  Or celte triste notion
  Provoquant la compassion :
  Ami, lui dit co camarade,
  Tu me parais triste et malade.
  Ton zèlo est mal récompensé;
  Crois-moi, laisse là ce passé :
  Dis, pour relever ton courage,
  Liberté vaut mieux que pacage.

Moi, sans ces cloués échalas,
Je t'offrirais un bon repas...
Va, la sapide nourriture,
Pour nous, n'est plus de bon augure.
Tu ne sais pas que maintenant,
De notre chair l'homme est friand.
Tout en abondance on me laisse;
Me voilà charnu, plein de graisse...
De jour en jour j'attends qu'on me vienne chercher,
Pour me faire sentir le couteau du boucher.
Plus que le mien, ton sort est fixe, sans nul doute...
Tiens... j'entends... n'est-ce point?... L'exilé suit sa route.
Cette fable contient plus d'un enseignement.
Nous y voyons premièrement
Qu'un zélé serviteur est un ami sincère,
Tout maître non ingrat le garde chèrement.|
Et puis, que malheur ou misère
Vienne, tous vous jettent la pierre.
Qu'enfin l'affliction,
Pour consolation,
Sous les pieds de qui primo,
Souvent peut voir l'abîme.
Donc la position
La plus fixe est l'infime.

FABLIAU OU PETIT CONTE RIMAILLÉ

RAPPELANT CETTE SORTE DE PETIT POËME FORT A LA MODE
AU XII° SIÈCLE

Chouette et pie avaient leurs Lares ou pénates
Dans un même quartier, y vivaient en pirates :
Pas n'est besoin de preuve. Item, leur haut réduit
Souvent retentissait de maint scandaleux bruit.
Toi, sans cesse agacer,—disait l'une, par criard caquetage;
Si tu ne veux cesser, — saurai bientôt aborner le tapage.
Dans ton trou te cacher, — dit l'autre, c'est le mieux;
Sans plus nous rabâcher — cri rauque, caverneux,
Qui n'est qu'un triste augure — d'abcès, mort, sépulture.
Moi, bonne prophétesse, — bannis hiver tristesse.
    Tout se rajeunit — quand pie fait son nid.
Pour toi, vile *rapace*, — la nuit seule arde ton audace...
Oh! dit la chouette, avoir le front—de me donner son nom!.
Elle croissait en invective — l'acerbe et longue litanie;
Et, d'offensive en défensive, — était bien loin d'être finie.
Patience à bout pour les deux — nos belles escogriffes
Tôt d'escrimer, non aux cheveux,—mais au bec et aux griffes.
Quand la venue inopinée — d'un menaçant arquebusier,
A cette engeance mutinée — paralyse et membre et gosier.
    On peut, sans règle ni cordeau,
    Apercevoir pente et niveau
    De ce petit imbroglio.

2° Du Conte.

—

Le conte est un petit poëme épique où l'auteur, en racontant une action, ou fabuleuse ou vraie, mais plaisante, l'embellit de fictions, d'épisodes, d'événements merveilleux.

Ce petit poëme est ordinairement badin. Les règles en sont les mêmes que pour la fable.

Le mérite du conte consiste dans la brièveté et la rapidité du récit.

FRONTISPICE

—

CONTE

Récit non fabuleux
Sur un poisson fameux.
Deux pêcheurs sont en scène;
Pour un seul est l'aubaine.
De ce récit l'auteur
Est le chanceux pêcheur.
Edition première,
Sans doute aussi dernière.

ÉPIGRAPHE

. . . .

Utitur incautus retibus exiguis.
Piscator piscans piscetur non ita pisces.

. . . .

HOLTH.

Traduction libre.

Pêcheur, bons engins, du silence !
Péchant longtemps, et bien caché,
Pêche ainsi, compte sur la chance;
Poisson se prend, reste accroché.

———

DÉDICACE

—

Pour monsieur Odolant (1),
Le pêcheur excellent,
J'esquisse l'aventure
De sa quasi-capture.

Multa paucis.

. . . .

Re commandatur.
PHŒD.

———

PROLOGUE

—

Sachez qu'au pont de la *Reinière*,
Dans la poissonneuse rivière,

(1) L'érudit et bon M. Odolant m'a autorisé à le citer ici
nommément.

Coulant de *Bagnoles-les-Bains,*
Rapide à travers les ravins,
Maître Odolant, pêcheur insigne,
Un jour tint au bout de sa ligne
  Un gros poisson,
  Pesant, crut-on,
  Trois grandes livres ! ! !
  Voilà des vivres
  Pour salaison !
Or le pendu tant se débat, gambade,
  Qu'une saccade
  Brise l'engin ;
  Poisson soudain
   Prend bain,
  Sans estacade.
  Et le pauvre Odolant
  Reste tout pantelant.
C'est à la postiche moustache,
A l'hameçon dans la ganache
Qu'on reconnut, deux mois plus tard,
Ce poisson repris par hasard.
  Le fond de cette histoire
  Est vrai, l'on peut m'en croire.
Mais si le conte abonde au contingent,
Grave lecteur, devenez indulgent.

HISTORIQUE

—

ÉPITRE A MONSIEUR ODOLANT

  Cet énorme poisson,
  Ce voleur d'hameçon,

— Vous savez, — votre ligne
Le suspendit, l'insigne !
Entre l'onde et les cieux ;
Mais zig-zag, crac ! mon vieux
S'en va les siens rejoindre ;
Se plait à leur dépeindre
Le pêcheur resté coi,
Sa ligne en désarroi...
— Le voilà... plus de chance ;
Je l'ai, faut qu'il la danse.
Ah ! rusé, je te tiens ;
Brise donc ces liens !...
Te roidir, c'est nature :
Ton sort, c'est la friture.

Or, sachez, qu'en mourant
Il devient bon vivant :
Car, par mon entremise,
Ce voleur fait remise
De tout son gros larcin,
Hameçon, crin-marin.
Que votre cœur accorde
Pardon, miséricorde.
Tard abjurant ses biais,
— Mieux vaut tard que jamais. —
Il fait comme bien d'autres,
Change de patenôtres,
Quand il voit du fossé
Le bout.. et tout passé !...

Le détail, j'aime à croire,
Vous plaît sur cette histoire.

C'était un beau matin (1),
J'aperçus, le malin,
Garé près de la rive,
En pose maladive :
Un filet était là,
Je m'en servis... voilà.

La souffrance, on présume,
A réduit son volume;
Lui, si *lourd* autrefois !...
.*Une livre* est son poids.

Dans l'os de la trachée,
Comme une ancre accrochée,
La pointe entrait si fort
Qu'un bris suit mon effort.
Bris plus irréparable
Que bris d'ancre ou de câble.
Les bouts tels, les voici.
Digne accueil à ceci !...
Recevez avec joie;
Moi, je vous les envoie,
Pour que vous, grand pêcheur,
En restiez possesseur.
Le contact des Dryades,
Ou mieux des Naïades,
Les a, sans fiction,
Dotés d'attraction.
Ainsi, portant ces signes,
— Muni de bonnes lignes, —

(1) 25 novembre 1866.

Allez au bord des eaux,
.Les poissons, par monceaux,
Aux engins viendront mordre,
Feront les gaules tordre :
De sorte qu'à foison,
Vous prendrez du poisson !...
Mais de la confiance !
A ce prix est la chance.
Portez au moins un an
Ce puissant talisman,
Et vous deviendrez vite
Un pêcheur émérite.

PÉRORAISON

Pêchez, pêchez plein d'espérance ;
Poisson en masse arrivera :
Vous prendrez tout, dans votre chance,
Goujon, vairon, *et cœtera.*
C'est la pêche miraculeuse
Oui, le squammeux le plus subtil,
Par cette vertu merveilleuse,
Deviendra vôtre. *Ainsi soit-il.*

CONSÉQUENCE

Pour fruit de la leçon,
La ligne et l'hameçon
De tous pêcheurs avides
Devront être solides.

EPILOGUE DU CONTE PRÉCÉDENT

Hinc indé attoniti liquido stant marmore pisces.
ANT. MILLIEU.

TRADUCTION PARAPHRASÉE

Au loin le poisson, gent timide,
Par cette prise consterné,
S'enfuit sous la rive liquide,
Longtemps y reste confiné...
— Oh ! oui, longtemps ! mais la puissance
De ces mystérieux appâts
Bientôt le mettrait en présence,
Vite il reprendrait ses ébats.

FIN

Sic ludus animo debet aliquando dari.
(PHŒD).
TRADUCTION : On s'amuse à tout âge. *(Proverbe).*

AVIS

J'ai composé, ou plutôt narré, trois autres contes, de trois cents vers au moins chacun, style marotique, ayant pour titre : *Champ de foire, Hôtel de ville, Halles mortes.*

Je m'abstiens à regret de les donner : ils amuseraient assurément beaucoup ; mais ils pourraient peut-être provoquer la moue à quelques esprits bourrus, et par trop chagrins.

> Je me tais, et ne veux leur causer nul ennui.
>> LA FONT.

D'ailleurs les limites d'un *recueil* n'admettraient pas des ouvrages d'une si longue haleine. Je ne donne même dans tout le cours de ce recueil que deux ou trois pièces sur chaque sorte de poésie, et les plus courtes de mon répertoire, par la crainte d'être prolixe et de blaser le lecteur.

Ces trois contes réunis, et force notes explicatives, forment un petit volume.

3° De la Complainte et du Vaudeville.

—

La complainte, ou chanson populaire, demande un style naïf, simple et précis, semé de petits tableaux frappants, et de saillies courtes et naturelles.

Ce genre de poëme, ordinairement léger et caustique, pourrait prendre le ton grave et sérieux. Il diffère de la chanson en ce que la complainte, qui forme un tableau complet, ou qui même est une légende, se compose presque toujours d'un grand nombre de couplets, tandis que la chanson proprement dite a plus de concision.

Quand la complainte est caustique et satirique, elle a beaucoup de rapport, et peut même être confondue avec le vaudeville, qui souvent est une espèce de satire ou de chanson historique.

———

COMPLAINTE
CONTRE LA CALOMNIE ET LA MÉDISANCE

—

GENRE LÉGER ET CAUSTIQUE

—

Air du Juif-Errant.

Gens aimant la censure,
Le dicton, le cancan,
Vous criblez sans mesure,
C'est agir en forban,
Avant de nous toucher,
Songez à vous moucher.

Qu'un soupçon, quoique louche,
Fruit de l'inimitié,
Passe par votre bouche,
Il grossit de moitié,
Pour vous punir, un jour
Ce sera votre tour.

Allant de porte en porte ;
Raconter ce nouveau ;
Vous faites bien en sorte
Qu'il ne soit jamais beau.
Chez vous, pendant ceci,
Tout est à la merci.

Les manières, la mise,
La beauté, la laideur,
L'esprit ou la bêtise,
Tout sert l'adroit brodeur.
Tant un gosier malin
Peut jeter de venin.

Jusque dans le ménage,
Vous pêchez vos menus ;
Vous y voyez, je gage,
Des faits non avenus.
Pauvres gens sans raison,
Réglez votre maison.

Notre bonne bourgade,
Si sage évidemment,
Sert, dans votre fougade,
A maint dénigrement.
De grâce laissez-nous
Planter nos pois, nos choux.

Votre sarcasme embrasse
Nos administrateurs :
Qu'on fasse ou qu'on défasse,
Vous êtes détracteurs.
Sachez que nos messieurs
Font toujours pour le mieux.

Pour une bagatelle,
Dites-vous en jasant,
Nous sommes en querelle,
N'est-ce pas amusant ?
Chez vous mettez la paix,
Ou ne blâmez jamais.

Vous nous nommez ivrognes,
Par ordre numéral,
Nos dames si *mignonnes* (1)
Gonflent votre total.
Si nous buvons un coup,
Ne boit-on pas partout.

Même pour la dévotte
Vous avez vilain mot :
Vous l'appelez bigotte...
Croyez-moi, c'est de trop.
C'est grand péché véniel ;
Redoutez fort son fiel.

Le riche, à tête haute,
Est avare orgueilleux ;
Le pauvre, c'est sa faute,
Ce n'est qu'un paresseux.
Allons, c'est trop tarder,
Cessez de bavarder.

Vous voyez bien la paille
Dans l'œuil d'un onéreux ;
Mais la poutre s'entaille
Dans votre orbite creux.
Tâtez-vous donc le pouls
Avant d'être jaloux.

Ah ! quel portrait fidèle,
Dira quelque malin.
C'est bien la ritournelle

(1) Rime défectueuse. *Rouges-trognes* ferait mieux ; mais la gentillesse de l'épithète l'a emporté sur la règle.

Du sexe féminin.
Je dis, moi, qu'en ce cas,
L'homme a souvent le pas.

Les bourgeois et les rustres
Nous voyons en effet,
Fixes comme des lustres,
Dans un estaminet :
Assis, le verre en main,
Déchirant le prochain.

Sans se jeter la pierre,
Que chacun rentre en soi,
Dise : à bas l'étrivière ;
Je m'occupe de moi.
Dans la société,
Vive la charité !

FIN

Ce tableau de la calomnie et de la médisance ne devra, certes, pas paraître chargé aux personnes d'expérience, qui ont sur le monde des notions exactes. Elles savent très-bien qu'on ne les désarme pas facilement, et que la calomnie, une fois qu'elle a choisi une victime, s'acharne après elle, et ne la quitte plus.

Ce mal est vagabond, partout il est le même :
On mord, on scarifie, en se flattant soi-même.

La charité évangélique, bien comprise, bien pratiquée, est le seul remède efficace.

AUTRE COMPLAINTE (1)

—

GENRE GRAVE ET SÉRIEUX

—

VISITE AU CIMETIÈRE OU REPOSENT LES CENDRES DE MA MÈRE

—

Air à faire.

Salut, ô croix
Que je revois !
Croix toujours chère,
Croix sur ma mère !...

Salut, saints lieux,
Signes pieux !
A votre vue,
L'âme est émue.

Gazon fleuri,
L'objet chéri
Que son sol cache,
Ici m'attache.

Ma mère est là...
Hélas ! voilà
Comme est suivie
La frêle vie.

Elle n'est plus ;
Mais ses vertus
Sont un exemple
Que je contemple.

(1) Cette pièce se trouve dans mon Opuscule de 1852.

Sur son cercueil,
Mon cœur en deuil
Gémit, soupire
Et vient s'instruire.

Oh ! qu'il est doux
D'être à genoux,
Auprès de cendres
Qui sont si tendres !

Et dans ce lieu,
De prier Dieu,
Versant des larmes
Pleines de charmes.

En méditant
Sur le néant
De ce qu'on nomme
Bonheur de l'homme.

Tout passe, hélas !
Tout ici-bas,
N'est que misère,
N'est que poussière.

Pauvres humains,
Oh ! qu'ils sont vains,
Nos grands ouvrages,
Nos beaux usages !

Le temps dans peu,
Sans notre aveu,
Et les efface,
Et nous, nous glace.

Ce corps chéri
Bientôt flétri,
S'use, se mine,
Tombe en ruine.

Comme un torrent,
Non récurrent,
Les siècles roulent,
Nos jours s'écoulent

On apparaît,
On disparaît :
Scène funeste,
Pas un ne reste !

Un jour viendra,
Chacun dira :
Mon heure sonne,
Tout m'abandonne !

Jour décisif !
L'homme chétif
S'éteint, s'affaisse ;
L'âme le laisse.

Dieu la reçoit ;
Elle le voit ;
Elle rend compte ;
Justice est prompte.

Pour la vertu,
Et pour l'élu,
Est le ciel même,
Bonheur suprême.

Le séjour noir,
Le désespoir
Et le supplice
Sont pour le vice.

Éternité !...
O vérité !
Pendant sa vie
L'homme t'oublie.

Quand vient la mort,
Il voit son tort ;
Il lit sur elle :
Vie éternelle.

Toujours 'neureux
Ou m'alheureux !
Dr,,ute terrible,
Transe indicible !

Grâce, ô Dieu bon !
Pardon ! pardon !
Que ta justice
Pour moi fléchisse !...

Ce saint émoi
Me vient de toi,
Ombre bénie,
Mère chérie.

Ta cendre instruit,
Porte un doux fruit.
La mort présente
Est éloquente.

O cher tombeau,
O saint flambeau,
Que ta lumière
Échauffe, éclaire !

Comme un miroir,
Tu nous fais voir
Ce que nous sommes,
Où vont les hommes.

Ici le cœur
Devient meilleur ;
L'âme ébranlée
S'en va zélée.

Oh ! oui je veux
Revoir ces lieux
Que je vénère...
... Adieu, ma mère ! ! !

FIN

4° De l'Idylle et de l'Églogue.

—

L'idylle que l'on confond souvent avec l'églogue, est l'image, la peinture, dans un genre gracieux et doux, de la vie et des mœurs champêtres.

Dans l'églogue proprement dite, le poète introduit des acteurs et les fait parler ; dans l'ydille au contraire, on se contente d'y trouver les images champêtres, les récits gracieux, les sentiments tendres, une poésie douce et facile, et une morale sage et utile.

Enfin l'ydille est un petit poëme naïf et sentimental, où les tableaux sont gracieux et frais, comme la belle nature.

> Son tour simple et naïf n'a rien de fastueux,
> Et n'aime point l'orgueil d'un vers présomptueux.
>
> BOILEAU. (Art poétique.)

IDYLLE

—

QUALITÉS DU CHIEN

Mon petit chien, tu m'es fidèle ;
Chez toi, jamais de trahison.
Du bon ami parfait modèle,
On te croirait de la raison.
Privations, tourments, fatigues...
Tu les subis, tu te prodigues
Pour m'escorter, veiller sur moi...
    Nul comme toi !
Saisissant tout, sentiments même,
Tu fais accueil à ceux que j'aime.
Mes ennemis, tu les connais,
    Et tu les hais !
Pour tant de soins, tant de tendresse,
Toi, tu n'attends qu'une caresse...
Que l'égoïste, ah ! sans façon,
    Prenne leçon.

Certes le Créateur, en te donnant à l'homme,
Voulut le protéger, rendre plus doux son sort.
N'es-tu pas son gardien? N'est-ce pas toi qu'il nomme
    L'ami, jusqu'à la mort !
      Force, élan, ruse,
      Rien ne t'abuse :
      Tes sens si fins
      Sont tes engins.

Ainsi gibier, troupeaux, par ta nerveuse adresse,
Sont vaincus, sont soumis, l'homme impose sa loi ;
Sans ton secours, eux fiers, braveraient sa faiblesse :
    Tu le fais homme-roi.

Oui, mon cher petit chien, tes qualités louables,
Tes sentiments exquis, ton naturel parfait
Dissipent mes ennuis, ont un charmant effet,
Me font goûter parfois des plaisirs avouables...
Tu n'as pas, comme nous, la folle ambition,
Ni le vil intérêt, ni la noire imposture.
A ton maître complaire, agir sans passion ;
    En tout, prompte soumission,
    Voilà l'effet de ta nature.

Mais si de la raison ne provient ta droiture,
    Oh ! ne regrette pas
Cette fière raison dont on fait tant de cas,
    Souvent l'abus la rend minime.

Et quand seule elle guide, on se perd, on s'abîme...
J'ai donc un bon ami, compagnon de mes jours ;
Selon que je suis triste ou gai, j'ai son concours.
Il marche tête basse, ou près de moi sautille...
    Petit chien, tu lis dans les yeux :
    Tu sais que la pensée y brille :

Tu vois tout... je t'en aime mieux.

Tes manquements... c'est peccadille :

Non, non, tu n'es pas vicieux.

Si, mécontent de toi, poussé par la colère,

Je deviens inhumain,

Que ma main t'ait frappé... soumis, couché par terre,

Tu viens lécher ma main ! ! !

Puis toi si gai, deviens par mon absence

Triste et plaintif !... Va, je veux désormais

Partout, toujours jouir de ta présence.

Cher petit chien, ne me quitte jamais !

FIN

J'aime à rappeler ici le mot sensé de Mme Staël :

« Plus j'ai connu les hommes,

« Plus j'ai aimé les chiens. »

FIN DE LA PREMIÈRE PARTIE.

DEUXIÈME PARTIE

POÉSIES FUGITIVES

CHANSONS, ÉNIGMES, LOGOGRIPHES, CHARADES, ANAGRAMMES,
INSCRIPTIONS, ÉPIGRAMMES ET SATIRES

Toutes ces pièces n'exigent pas absolument la forme de la poésie ; mais quand elle leur est donnée, le style doit être fort concis, un peu figuré, sans raffinement ; simple, à moins que le sujet ne réclame un ton plus élevé.

Ces petites pièces ne demandent pas un travail long et pénible. Néanmoins elles ne souffrent aucune négligence, et chacune dans son genre doit être aussi parfaite qu'elle peut l'être. Elles n'ont pas de Rhythme propre et régulier : le poëte peut agir *ad libitum*.

4

1º De la Chanson.

—

La chanson est une espèce de petit poëme fort court, composé de couplets pour être chantés dans des occasions familières. Les vers des chansons doivent être aisés, simples, coulants et naturels.

Je renonce à admettre dans ce recueil aucune chanson ni guerrière, ni politique, ni bachique, ni anacréontique. D'ailleurs, si l'on est amateur de chant, plusieurs pièces de ce recueil en sont susceptibles : j'indique même en tête l'air qui peut leur convenir. Cependant, pour ne pas rester court sur ce genre de petite poésie, suit une chanson parfaitement inoffensive.

—

CHANSON

A l'ami, jeune homme de grande espérance, dont les soins empressés et le talent musical exquis, m'ont procuré un bel harmonium, témoignage de ma sincère reconnaissance, et invitation de venir au plus tôt passer quelques jours avec nous.

—

Air : *Partant pour la Syrie.*

Ni mes doigts ni ma bouche,
Sur ce bel instrument ;

Que je chante ou je touche,
N'expriment dignement
Le merci que mérite
L'ami qui fit ce choix.
Oui, mon doigté m'irrite,   } bis.
Impuissante est ma voix!

Ami, pour pouvoir rendre
Ce qu'en moi je ressens,
Il faudrait ton cœur tendre,
Il faudrait tes accents.
Dans ma pauvre musique
Démêle au moins ce vœu :
Que ta note angélique   } bis.
Nous charme ici dans peu.

Si des vœux te suffisent,
Va, tu seras payé!
Et s'ils se réalisent,
Ton chemin est frayé.
Moi, sans être prophète,
Je vois bel avenir :
Je te vois, franc athlète,   } bis.
Progresser, parvenir.

Une aurore brillante
Nous annonce un beau jour.
L'abeille vigilante
Est chargée au retour.
Le matin de ta vie
Donne arrhes pour le soir...
Oh! oui, ta noble envie   } bis.
Garantit notre espoir.

2° De l'Enigme.

—

Les linguistes et les étymologistes définissent ainsi l'énigme :

Exposition ou définition d'une chose, d'après les qualités qui lui sont propres; mais en termes métaphoriques, et souvent contradictoires en apparence, qui la déguisent et la rendent difficile à deviner. Soit.

===

ÉNIGME. (1) (LOCALITÉ).

Cherchez, vous trouverez : oui-dà, Messieurs, Mesdames,
Fixe au milieu de vous, je fus objet de trames.
Hein ! vous savez... par base, à vous j'appartenais
Vos champions, dans la crise, agirent en dadais...
Sans formule on ourdit, sans rasoir on me rase.
Sur ma face on assoit un fardeau qui m'écrase...
Oh ! les malins neveux riront bien des *tontons*,
Voyant par moi défunt qu'ils n'étaient que croûtons...
Eh bien, en est-ce assez? pouvez-vous me connaître ;
Pas encor, dites-vous ; tâchez de mieux paraître...
Allons, regardez donc, de votre beau logis
Voyez... Là vos aïeux se rassemblaient jadis...
.... Chut ! fermons la fenêtre.

(1) L'anagrame d'un des substantifs de la pièce donne parfaitement le mot de cette énigme. Je ne veux pas indiquer ce substantif : *cherchez, vous trouverez.*

AUTRE ENIGME

—

DEUX TERCETS

Jeunes ou vieilles, sœurs, portant même fardeau,
Allons et revenons, d'aplomb puis de niveau ;
Mais singulier effet, l'une va, l'autre arrête.
Baissant nos fins ressorts, nous servons d'escabeau.
Enfin l'homme si fier de sa sublime tête,
Sans nous est aussi bas que la rampante bête.

AUTRE ENIGME (*)

—

LE PASSÉ, LE PRÉSENT, L'AVENIR

Air : *Avec les jeux dans le village.*
Ou bien : *Des simples jeux de mon enfance.*

LE PASSÉ

Ce que je fus, dà, je l'ignore ;
Bon ou mauvais, fin ou râpé.
Peut-être ceinture de Flore,
Ou bandage d'un écloppé.
Étais-je ornement de princesse,
Ou l'affublement d'un bouffon ?
N'importe, du temps la caresse,
M'aura bientôt rendu chiffon.

LE PRÉSENT

Oh ! l'heureuse métamorphose !
Qu'il est donc beau de rajeunir !
Me voilà frais comme la rose :
Je vais unir — désunir.
J'ai les secrets de la famille ;
Même ceux du petit boudoir :
Je suis mâle, point ne babille,
Que je sois blanc ou rendu noir.

L'AVENIR

Mais songeons à la destinée,
Car hélas ! tout doit prendre fin.
Mon existence fortunée
Pourrait avoir fâcheux déclin.
Jusques à la race future
Arriverai-je sans déchoir ?...
Gare qu'un fat ne me fracture,
Soit pour le feu, soit pour m.**

(*) PAPIER.

3º Du logogriphe.

—

DÉFINITION PAR LES MÊMES

—

Sorte d'énigme renfermée dans un mot dont
les lettres, combinées diversement ; produisent
d'autres mots que l'on définit, et qu'il faut aussi
deviner. Soit :

LOGOGRIPHE (*)

Avec mes quatre pieds, j'ai l'allure gaillarde ;
Mais ôtez le dernier, me voilà babillarde.

(*) PIED

AUTRE LOGOGRIPHE (*)

Laissez mon chef, je vous amuse,
Je vous distrais, je vous souris.
Si vous l'ôtez, ma face obtuse
N'excite en vous que du mépris.
Que par hasard je m'achemine,
Aussitôt je fais du feston.
Après moi la race gamine
Court en hurlant : fi ! le glouton !

(*) LIVRE.

AUTRE LOGOGRIPHE (A DÉCOMPOSITION)

Air : *Je le tiens ce nid de fauvette.*

Quoique petit, j'ai bonne envie
De vous faire enrager un peu.
Mes quatre pieds, en Normandie,
Forment une ville en haut lieu.   (Vire).

Si vous rentrez en moi ma tête,
Je deviens sot, je deviens fou.
N'ayant pas imité la bête,
J'ai pris plus que mon faix, mon soul. (Ivre).

Qu'un de mes pieds tête devienne :
Voyez le fatigué nageur,
Faisant mille efforts pour qu'il vienne
Sur moi souffler avec bonheur. (Rive)

Tranchez ce chef, plantez un autre ;
Avec trois pieds, suis-je à néant ?
N'en croyez rien, moi, bon apôtre,
Je ne fus jamais plus vivant. (Vie)

Encor trois pieds, tête nouvelle,
Je suis plante et remède aisé.
Pour soulager dans l'hydrocèle,
De moi l'on a souvent usé. (Ive)

Enfin mon premier chef au Diable,
Mes trois autres pieds les voilà.
Je suis vraiment trop serviable ;
Diable emporte ces phases là ! (Ire)

4° De la Charade.

—

DÉFINITION PAR L'ACADÉMIE

La charade, espèce de logogriphe, consiste à décomposer un mot de plusieurs syllabes en parties dont chacune fait un mot.

AUTRE DÉFINITION PAR LES LINGUISTES ET LES ÉTYMOLOGISTES

La charade est une énigme de sens et le logogriphe une énigme de mots. La charade consiste dans la simple division d'un mot en deux ou plusieurs parties, suivant l'ordre des syllabes, de manière que chaque partie soit un mot exprimant un sens complet. On propose de deviner le mot entier et ses parties, en définissant successivement les parties et le tout..

Voilà deux définitions ; que l'on choisisse.

CHARADE (*)

—

Mon premier, petit participe,
Exprime l'aise, la gaîté.
Mon second, d'après le principe,
Est un pronom fort usité.
Mon tout, ah ! c'est une coquette
Qui fait enrager son amant.
Mais s'il est tant soit peu poëte,
Elle revient bien poliment.

(*) Rime.

AUTRE CHARADE (*)

—

Isolez mon premier, son rôle est imparfait ;
Il n'en est pas ainsi, s'il est en compagnie.

Pour mon second, il est ce qu'en naissant l'on fait,
Et fort souvent, hélas ! pendant la courte vie.
Quant à mon petit tout, le voici, je m'en sers.
— Ah ! qu'il serve au bien seul ! — C'est un utile vase.
Grand ou petit, toujours son effet est divers :
Il bâcle bien ou mal et phrase et périphrase.

(*) ENCRIER.

AUTRE CHARADE (*)

Mon premier plaît à tout le monde,
Et pourtant il n'est pas Louis d'or.
Si *bis*, pour l'enfant il abonde;
Le marmot geint, en veut encor.
Mon second fréquente la banque,
Les lieux d'ordre, d'arrangement.
Mon tout sur la tête se flanque,
Pour la maintenir chaudement.

(*) BONNET.

5º De l'Anagramme.

LES MÊMES LA DÉFINISSENT :

Arrangement des lettres d'un mot, disposées de telle sorte que, par la transposition, on en forme un ou plusieurs autres qui ont un sens différent.

Exemple, ces paroles : *est vir qui adest*, sont

l'anagramme de la question de Pilate à Jésus-Christ : *quid est veritas.*

Avec les mêmes lettres, sans aucune altération, elle exprime la réponse la plus juste et la plus vraie qui pût être faite dans la circonstance.

ANAGRAMME

—

Air : *Avec les jeux dans le village.*

Jeux de pagi (1), je vous redoute;
Ne troublez jamais mon repos.
L'enjeu, c'est la crainte et le doute;
Vous éviter est à propos.
Jeux de pagi, votre anagramme (*)
Ne change rien; je suis fixé.
Si, devant vous, maligne trame
M'amène, oh! j'en serai vexé.   (*bis.*)

(*) JUGE DE PAIX.

AUTRE ANAGRAMME

—

L'air précédent.

Seigneur *Greffier*, votre anagramme
Fait peur, quand à vous j'ai recours.

(1) Pagi ou puma, lion du Chili, animal féroce et carnassier, qui tient du lion et du tigre. (Voir N. Landais; voir aussi Buffon.)

J'y vois *fer, grief*... dur programme :
Puisse-t-il n'avoir jamais cours !
Chez vous, je veux bien, c'est problème ;
Mais qu'un procès soit exploité,
Fer deviendra du cœur l'emblème ;
Grief sera trop convoité.   (*bis*)

AUTRE ANAGRAMME

Un appios (1) *pas nu,* — j'entends avec l'écorce —
Nous purgera, je crois, du méchant qui se torse
Pour abreuver de fiel le père vénéré :
Ce vieillard admirable, encore plus qu'admiré.
Sur l'océan du monde, établi guide et phare,
Il indique la voie au nocher qui s'égare (2)...

(1) *Appios*, plante euphorbe dont les racines, et surtout
l'écorce, sont très-purgatives.

(2) Abstraction faite d'*autorité absolue* et d'*infaillibilité*, ces
deux vers, dans ma pensée, disent seulement que le Saint-Père
est le docteur des docteurs, le pasteur des pasteurs, la pierre
fondamentale de l'édifice spirituel, la tête ou chef du corps
de l'église; les Évêques en sont les membres *homogènes;* pasteurs et fidèles membres *adhérents :* et ils ne sont tous qu'un
seul corps.

> *Euntes docete* — *pasce agnos* — *pasce oves* —
> *tu es Petrus, et super, etc... unum sint.* — Evang.
> *Omnia membra.... unum corpus sunt —* et
> *membra de membro.* 1 Cor. 12.

Je ne me sers de ces deux termes : *homogènes, adhérents,*
que comme traduction de ma propre idée.

Et contre lui pourtant se forme un noir complot :
Se groupe un ramassis, sur infernal pivot.
Un appios pas nu, par sa grande puissance,
Réduira tôt ou tard cette aveugle licence.
Anagrammatisez *un appios pas nu* (*),
Le père vénéré va vous être connu.

(*) *Pius nonus papa.*

6o De l'Inscription.

DÉFINITION : Titre, écriteau ou caractères gravés
pour perpétuer un souvenir.

Pour l'inscription, la clarté et la précision sont
de rigueur, parce qu'elle est l'énoncé de ce qu'on
veut apprendre à des passants. Elle doit être telle
qu'on la lise d'un coup-d'œil, et qu'on la retienne
aisément.

INSCRIPTION POUR UNE CROIX

Passant, qui que tu sois, la croix est ton espoir.
Respect donc et salut !... Va, ton indifférence,
Pour toi serait un jour accablant désespoir.
En homme sensé dis : Au sûr la préférence.

AUTRE INSCRIPTION POUR *IDEM*

Qui donc es-tu, mortel austère,
Qui passe franc devant la croix ?

Pauvre ignorant! homme de terre!
Il ne sied pas ton air narquois.
Crains-tu par hasard qu'on te berne?...
Napoléon, au fier drapeau,
Ce grand héros du temps moderne,
Lui, levait *son petit chapeau*.

AUTRE INSCRIPTION

—

Pour être mise au bas d'un beau tableau de
l'Assomption; non pas un de ces tableaux où les
Chérubins semblent enlever, tirer, pousser, etc.,
avec fatigue, enfin où l'art n'a aucune inspiration
divine. Mais un tableau où, le sentiment artistique
s'alliant à l'idée chrétienne, l'artiste trouve en son
cœur les impressions qu'il traduit si naturellement, et alors l'exquisse délicatesse de son pinceau donne à sa Vierge une expression surhu-
maine, angélique.

Air : *Comment goûter quelque repos.*

O beau tableau d'Assomption!
Quelle splendide apothéose!
Calme ici, l'âme se compose,
Le cœur s'ouvre à l'affection.
La terre, hélas! triste patrie,
Ne peut garder un tel trésor;
Vers le ciel il prend son essor,
Nous laissant le culte à Marie.

7o De l'Épigramme et de la Satire.

—

L'épigramme est l'expression en vers d'une pensée vive, nette et juste, dont la finesse satirique et le sel piquant se font ordinairement sentir à la fin.

On pourrait dire que la satire n'est qu'une suite d'épigrammes, comme enchevêtrées les unes dans les autres, et formant un petit poëme plus ou moins long, une censure plus ou moins mordante.

Comme j'en ai prévenu dans l'*Avertissement*, mes épigrammes, et autres petites pièces satiriques, ne s'adressent qu'aux ridiculités générales. Si parfois j'y fais entrevoir des abus de localités, c'est, je le déclare encore une fois, sans aucune idée intentionnelle de me laisser glisser sur la pente facile des personnalités.

———

ÉPIGRAMME

CONTRE L'IVROGNERIE

—

DEUX TERCETS

Toi dont le gosier sec absorbe tant jus,
    Mâle ou femelle... ô sort funeste !

Savoure ton poison, laisse croître l'abus,
Santé, bonheur, tout fuit; vient l'excès immodeste...
Ah! peu t'importe, esprit obtus,
Tu préfères perdre ton reste.

AUTRE ÉPIGRAMME

AU PRÉDICATEUR ENTHOUSIASTE ET PLEIN DE LUI-MÊME

Oui, je le conçois, grand déboire!
Pour toi, verbeux prédicateur,
De voir ronfler ton auditoire;
Toi qui te crois bon orateur.
— Voyez la damnable apathie!
Moi, plein d'ardeur, eux, sommeiller!...
— Veux-tu guérir leur léthargie?
Tais-toi... tous vont se réveiller.

AUTRE ÉPIGRAMME

A UN COMMUNISTE, COMME ILS SONT PRESQUE TOUS

Eh bien, oui, j'y consens, faisons du communisme.
Plus de propriété, partant plus d'égoïsme...
Mais pour cette union, dis ton apport : — zéro. —
— Ah! je vois, pour ton rien, tu veux vivre à gogo.

CHARADE SATIRIQUE *(Localité)*.

—

STANCE, UN QUATRAIN, DEUX TERCETS

Plat, uni, mon premier favorise l'allure ;
Laissez à mon second la volubilité.
Eh ! mais, mon tout réclame une noble mesure :
Il doit peindre du cœur la mâle gravité.
Non, je ne puis souffrir ces coulés, ces saccades,
Ces tons aigres, bruyants, dénotant des fougades...
Hélas ! qu'il est perclus le lutrin de céans !...
Aux tons grégoriens, du haut de vos estrades,
N'allez pas, beaux chanteurs, subroger vos accents :
Tout parle dans ces tons, tout élève les sons.

LOGOGRIPHE SATIRIQUE *(Localité)*.

—

Allusion à la manière dont on fait parler nos cloches.

—

DEUX TERCETS

Coupez d'abord mon chef, reste un petit poisson.
Laissez ce chef, j'ébruite et vie et mort et fête. —
Oh ! vilain maladroit ! quel abus de mon son !
C'est le... *roi Da...gobert...* quand tous courbent la tête !
Hélas ! pour tel moment, le plaisant carillon !
Et quand *gaîment* j'annonce un triste obit ?... c'est bête.

5

ÉNIGME SATIRIQUE (*) *(Localité).*

—

STYLE MAROTIQUE

Ce qu'ici moi propose
Est une anamorphose :
Tâchez de deviner
Le dis sans badiner,
Suis un membre d'église.
Et mon geste et ma mise,
Et mes *sabots ferrés,*
Mes décors bigarrés ;
Mon aube à la jaquette,
Et ma voix aigrelette,
Tout en moi doit séduire,
Si ça ne fait pas rire.
En long habit de lin,
Le jeune Éliacin,
Tout pieux, tout modeste,
Certes, n'était pas leste
Comme moi ; n'allait pas
Brassayant, à gras pas...
Avec son air bonasse,
Il était peu sagace ;
N'avait pas l'œil au guet...
C'était un freluquet.
Moi, suis un bon apôtre.
Peste ! en vaux bien un autre,
Soit pour l'espièglerie,
Soit pour la chantrerie.
Non, fête et grand convoi

N'auront pas lieu sans moi.
Ma présence à l'église,
Rehausse, solennise !
Ça ! vous me connaissez ;
C'est bien moi, vous savez.

(*) Acolyte.

INSCRIPTION SATIRIQUE

SUR LA TOMBE D'UN VAURIEN

Oui, s'il fut méchant homme,
Maintenant il est bon,
Puisqu'il dort le long somme.
Est bon qui dort, dit-on.

ANAGRAMME SATIRIQUE

A UN GACHEUR DE SOULIERS

Tes maussades clients, sans égard pour la forme,
Te poursuivent de près ; on les entend crier,
Faisant bruyant chorus, et montant gamme informe :
Voyez le *savetier !*

Pour te venger, apprends l'anagramme formelle
Que, dans ce vilain mot, l'on peut trouver *recta :*

Et puis, apostrophant ta rauque clientèle,
Dis haut : *veri seta* (1).

Assez de poésies fugitives. Craignons de blaser le grave lecteur.

(1) *Veri seta*, anagramme de savetier.
Deux mots latins qui veulent dire littéralement pinceau du vrai, ou peinture de la vérité; ou encore, par gallicisme : c'est la vérité.

FIN DE LA DEUXIÈME PARTIE

TROISIÈME PARTIE

POÉSIES SENTIMENTALES ET LYRIQUES

ROMANCES, MADRIGAUX, ÉPITAPHES, ÉLÉGIES, SONNETS, ODES, CANTATES

Je veux commencer ce chapitre de poésie sentimentale par une petite pièce consacrée à la mémoire de ma bonne mère, — souvenir impérissable pour moi. — Elle décéda le 18 juillet 1848, âgée de 86 ans.

ROMANCE

Air : *Du sentiment j'attends l'effet.*

A MA MÈRE

Tout du cœur pourrait s'effacer,
Qu'une empreinte y resterait chère...
Qui donc ne peut s'y remplacer !
    C'est une mère !   *(bis.)*

Quand un mal aigu m'assaillait,
A mon chevet... Doux ministère !
Un ange aidait, priait, veillait :
  C'était ma mère !   *(bis.)*

Peines, chagrins, rigoureux sort,
Contre vous j'eus un solidaire.
Oui, l'on trouve un sûr réconfort,
  Près d'une mère !   *(bis.)*

O mort ! j'ai vu, saisi d'effroi,
L'effet de ta faux meurtrière...
Mais au ciel, qui priera pour moi?
  Ma bonne mère.   *(bis.)*

1º De la Romance.

—

Le caractère essentiel de ce genre de poésie est d'émouvoir l'âme, soit par un récit tragique, soit par la peinture d'un sentiment tendre, ou d'une affection douloureuse.

Comme la chanson, la romance ne comporte pas un grand nombre de couplets, trois, quatre, cinq; rarement plus. Au reste, chanson, romance, cantique sont trois mots offrant un sens synonymique. Le but et l'objet du petit poëme en établissent la différence.

Le style de la romance doit être plein de douceur, de naturel et de grâce.

Quoi de plus touchant que cette romance du *Montagnard exilé*, par Chateaubriand. Comme on est bien pénétré de sa tristesse ! comme on partage bien sa peine ! comme on s'associe à ses regrets !

Quoique cette romance soit généralement connue, je ne puis résister au plaisir de la transcrire ici. Elle sera l'ornement de mon Recueil. Les deux qui la suivent, et que j'ai composées à l'instar, ont le même rhythme, et se chantent sur le même air. Je pense bien qu'il ne viendra à l'esprit de personne que, par là, je veuille mettre mon humble travail en parallèle avec l'œuvre charmante de Chateaubriand.

LE MONTAGNARD EXILÉ

Combien j'ai douce souvenance
Du joli lieu de ma naissance :
Ma sœur, qu'ils étaient beaux les jours
    De France !
O mon pays, sois més amours
    Toujours !

Te souvient-il que notre mère,
Au foyer de notre chaumière,
Nous pressait sur son cœur joyeux,
    Ma chère !
Et nous baisions ses blancs cheveux
    Tous deux.

Ma sœur, te souvient-il encore
Du château que baignait la Dore,
Et de cette tant vieille tour
    Du Maure,
Où l'airain sonnait le retour
    Du jour?

Te souvient-il du lac tranquille
Qu'effleurait l'hirondelle agile,
Du vent qui courbait le roseau
    Mobile,
Et du soleil couchant sur l'eau
    Si beau?

Oh! qui me rendra mon Hélène
Et ma montagne et le grand chêne?
Leur souvenir fait tous les jours
    Ma peine;
Mon pays sera mes amours
    Toujours.

INVOCATION DERNIÈRE A LA Ste FAMILLE

Air : *Combien j'ai douce souvenance, etc,*

Quand sonnera l'heure suprême,
Brisé par la douleur extrême,
On se jugera sans détour
    Soi-même.
Hélas! il sera sans retour,
    ce jour!

Trois noms saints, consolant mystère,
Pour tous sont l'ancre salutaire!
L'orgueil aussi, ne voyant plus
   La terre,
Humble, invoque alors sans refus...
   Jésus!

Sa bouche râlante et flétrie,
Lorsque le cœur seul parle et prie,
Encore dira ce nom si doux...
   Marie!
Qui de Dieu calme le courroux,
   Pour nous.

Quand tout protecteur nous délaisse,
Qu'il ne nous reste que faiblesse,
Joseph!... vous du chrétien l'appui
   Sans cesse,
Accourez, priez aujourd'hui...
   Pour lui.

Voilà la famille bénie :
Voilà l'espoir à l'agonie :
Seule elle reste à notre sort
   Unie ;
Aidant l'âme qui voit le port...
   La mort!

A LA SAINTE VIERGE

—

—

Air : *Combien j'ai douce souvenance.*

En ce jour, O Mère chérie,
Partout on vous loue, on vous prie ;
Et l'on redit ce nom pieux...
  Marie !
Il est bien l'avant-goût joyeux
  Des Cieux !

Si du juste la foi sincère
Reçoit votre aide salutaire,
Vous êtes aussi du pécheur
  Sa mère !
Ah ! daignez bannir de son cœur
  L'erreur.

Que de faveurs votre tendresse
Nous prodigue dans la détresse !
Oui, nous nous les rappelerons
  Sans cesse ;
Et chaque jour nous publierons
  Vos dons.

Reine Auguste, si notre hommage
Peut mériter votre suffrage,
Il sera de votre secours
  Le gage.
Vos autels seront nos amours
  Toujours.

2° De l'Epitaphe.

—

L'Epitaphe est une inscription que l'on grave sur un tombeau.

Le caractère de ce poëme est l'air de candeur, de simplicité et de sentiment : il doit y régner une piété majestueuse et sombre.

Il serait à désirer que l'épitaphe, au lieu d'être, comme trop souvent, le fruit de l'imagination, ne fût que l'écho d'une réalité, et ne transmît que des qualités effectives, tout en donnant au lecteur de salutaires avertissements.

—

ÉPITAPHE EN TERCETS

(Veni, vidi, vici).

—

Venez, voyez... sachez que vaincre est l'important.
    Ici la pierre est éloquente !
En priant pour les morts, songez qu'en un instant
Tout mortel peut descendre en la tombe béante.
    Certes, si ce n'est maintenant,
    Il ne reste pas longue attente.

AUTRE ÉPITAPHE EN TERCETS

UN MOURANT FAISANT LUI-MÊME SON ÉPITAPHE

Bien plus qu'aucun vivant,
Je vais être savant.
Dans peu d'instants mon âme dégagée
Du vrai savoir atteindra l'apogée...
Sur mon tombeau gravez, cher survivant :
Il sait !... Vie échangée !...

AUTRE ÉPITAPHE

A MA MÈRE

(Voir mon opuscule de 1852, page 10).

C'est un arrêt, nous deviendrons poussière ; (1)
Il faut mourir, pas un n'échappera. (2)

Grandeur, faiblesse, opulence ou misère,
Il faut finir, on vous enterrera. (3)
Tout naît, tout meurt ; aujourd'hui la naissance,

(1) *Memento quia pulvis es, et in pulverem reverteris.* GEN. 3, 10.

(2) *Testamentum enim hujus mundi, morte Morietur.* ECCLÉ. 14, 12.

(3) *Simul in unum dives et pauper. Simul insipiens et stultus peribunt et sepulchra domus illorum in æternum.* Ps. 48, 2, 9, 10.

Mais dès demain attendons le trépas. (1)
Ah ! comme on voit la plus belle existence
Rompue, alors qu'elle n'y comptait pas. (2)
Ils sont nombreux ceux qu'ici l'on dépose :
Epoux, enfant, mère... O triste séjour ! (3)

Le sol ingrat de notre sang s'arrose,
Et de nos os s'engraisse chaque jour. (4)

Sans pitié, puis-je voir cette tombe !...
Et sans horreur, fouler ces ossements !...
C'est là qu'elle est ! ! ! Ah, mon cœur y succombe !
Quels souvenirs, quels tendres sentiments !...

Vous qui passez près de ce cimetière,
Entrez, amis, visitez les tombeaux.
Un tel spectacle invite à la prière ;
Voilà le but de tous ces écriteaux. (5)
En parcourant cet enclos, lieu morose,

Voyez ici cette petite croix.
Arrêtez-vous : sous ce signe repose
Une mère et sainte et bonne à la fois.

(1) *Sic generatio carnis et sanguinis, alia finitur et alia nascitur.* ECCLÉ. 14, 19.

(2) *Ducunt in bonis dies suos, et in puncto ad inferna descendunt.* Job. 21, 13.

(3) *Juvenem simul ac virginem, lactantem cum homine sene.* DEUT. 32, 25.

(4) *Inebriabitur terra eorum sanguine, et humus eorum adipe pinguium.* ISA. 34, 7.

(5) *Sancta et salubris est cogitatio pro defunctis exorare.* 2 MACH. 12, 46.

Lorsque la *mort* sonna sa dernière heure.
O digne fin ! que son trépas fut doux !...
Unissez-vous à son fils qui la pleure :
Prions pour elle, elle priera pour nous.

De Profundis.

3o Du Madrigal.

—

ÉPIGRAMME ET MADRIGAL EN PARALLÈLE

—

> Le madrigal plus simple, et plus noble en son tour,
> Respire la douceur, la tendresse et l'amour.
>
> (BOILEAU. *Art poétique.*)

Si la finesse satirique caractérise l'épigramme, la délicatesse et la noble douceur font l'essence du madrigal. Ce petit poëme, que le style en soit familier, simple, grave ou relevé, est un véritable compliment, fin, doux, tendre et plein de sentiment. Il consiste quelquefois en un distique ; mais ne doit jamais aller au delà de douze vers.

Je n'ai pas en vue ici ces fades madrigaux, poulets de galanterie, qui ne sont ordinairement que des fruits d'âmes molles et désœuvrées.

> Je laisse aux doucereux ce langage affecté,
> Où s'endort un esprit de mollesse hébété.
>
> (BOIL. *Sat.* 9.)

MADRIGAL ÉPIGRAMMATIQUE

Genre familier.

Ça, foi d'honnête homme, Madame,
De vous je veux dire du bien.
Si par trop j'aime l'épigramme,
Ici je change d'entretien.
— De bout en bout vous êtes belle !...
Hein ! voilà du pur madrigal !
— Bonne... mais... gare la querelle...
Assez... je crains de finir mal.

AUTRE MADRIGAL

A UN AMI ABSENT

Genre simple et familier.

ENVOI

Vous êtes trompeur, cher confrère.
Je vous crus bénin, libéral ;
Mais j'apprends qu'en fait de compère,
Là-bas vous n'avez pas d'égal.
Loin de vous croire un humoriste,
L'on vous met au rang des traqueurs :
Partout on crie, ah ! l'égoïste !
Il accapare tous les cœurs.

AUTRE MADRIGAL

SUR LE NOM DE LA SAINTE VIERGE

Genre sentimental et tendre. — Un distique seulement.

Votre anagramme, ô doux nom de Marie (1) !
Nous donne *aimer* ! donc qu'on aime et qu'on prie !

AUTRE MADRIGAL

LE PÉCHEUR CONTRIT S'ADRESSANT A MARIE

Genre grave. — Deux tercets.

Trop coupable, grand Dieu ! je ne puis te fléchir.
    Mes torts forment longue série.
Le remords me poursuit ; je me sens défaillir.
Serais-je délaissé !... Qui faut-il que je prie ?
    Qui donc, hélas ! peut m'accueillir ?
    Espoir ! je m'adresse à *Marie* !

(1) En effet *Marie*, lettre à lettre, reproduit *aimer*.

AUTRE MADRIGAL

A L'ANGE GARDIEN

*Stance de dix vers, un quatrain et deux tercets.
— Genre sérieux.*

Quoi ! n'être jamais seul, qu'on fasse mal ou bien ;
Et toujours d'un témoin l'importune présence !
Ne me suffit-il pas l'œil de la *Providence ?*...
— Ce témoin me répond : je suis l'ange gardien.
J'écarte le danger ; l'ennemi, je l'attarde.
Sans gêner le vouloir, je suggère et regarde :
Ainsi dès le berceau, toujours jusqu'au trépas (1).
Moi, l'envoyé du ciel, je vous ai sous ma garde ;
Et malgré vos écarts, je vous suis pas à pas...
— O mon meilleur ami, que ne vous dois-je pas !..

AUTRE MADRIGAL

A UN CŒUR BIENFAISANT ET GÉNÉREUX

Stance de dix vers, un quatrain et deux tercets.

ANNIVERSAIRE DE NAISSANCE
Genre relevé.

Dans sa bonté, le ciel, parfois donne à la terre,
Pour aider la faiblesse, adoucir le malheur,

(1) En parlant de l'ange gardien, Lamartine a dit :
 Le reçoit au berceau, l'accompagne à la tombe.

Quelque cœur généreux, quelque grand caractère,
Qui partout fait le bien, le fait avec bonheur.
Le mortel non ingrat bénit la Providence,
Quand son besoin rencontre une telle existence.
Oui, c'est un Dieu-donné, c'est un trésor pour tous.
L'angoisse qui l'approche en revient moins intense.
Lui s'oublie, il s'efface, et ne songe qu'à nous...
Cet ange d'ici-bas, ce noble cœur... c'est vous !...

4° De l'Elégie.

—

La plaintive élégie, en longs habits de deuil,
Sait, les cheveux épars, gémir sur un cercueil.
(BOILEAU, *Art poétique*).

La simplicité gracieuse et modeste, l'imagination et le sentiment, la douleur et la joie, la passion même, enfin toutes les émotions tendres et touchantes sont du domaine de l'Elégie. C'est au poëte bien pénétré de prendre le ton qui convient au sujet qu'il traite.

L'Elégie admet tous les genres et tous les styles : élevé, léger, facile, etc.; mais toujours noble et sentimental.

Il faut que le cœur seul parle dans l'élégie.
(BOIL).

« L'Elégie, dit Colombet, se montre en habits de deuil, les cheveux épars ; une parure éclatante, un ajustement recherché, pourraient- ils lui convenir? Elle répand des larmes; elle éclate en plaintes, en gémissements : peut-il sortir de sa bouche d'autres accents, d'autres cris que ceux du sentiment et de la passion? »

M. **LAINÉ** a été inhumé le 28 août 1867. Depuis 1817 il était instituteur à Couterne.

ÉLÉGIE

Lisez, c'est le récit fidèle
D'une ingratitude mortelle.
Ma plume ose à peine tracer
Ce trait qu'il faudrait effacer.
Trop souvent l'homme dans sa chute.
Se trouve au-dessous de la brute...
J'assistais au triste convoi
D'un homme de bien, plein de foi,
Toujours à l'œuvre, il fut tout zèle ;
Du précepteur digne modèle,
Parmi nous, durant *cinquante ans*,
Il instruisit *des mille* enfants.
Sur ces instruits de toutes tailles,
Combien suivaient ses funérailles?...
Sans doute on vit leurs rangs serrés,
Près de ces restes vénérés.....
Petits ou grands, ils étaient *onze! ! !*...
Honte aux ingrats, aux cœurs de bronze.
Honte encor à ces merveilleux
Qui, là comme ailleurs, n'ont vu qu'eux,

Sans remorquer les inerties...
Ah! de nos jours que d'inepties!...
Suivons donc, dans l'isolement,
Cet incivique enterrement.
D'une voix sourde et monotone,
Le prêtre que n'aidait personne,
Chantait, sur l'air enlangouré,
Le lugubre *miserere.*
Les croque-morts... ceci me navre...
Comme un faix portaient le cadavre.
Très-peu d'amis, quelques parents,
Aussi quelques indifférents,
Troupe triste, silencieuse,
D'une marche lente et pieuse,
Le cierge en main, couverts de deuil,
Suivaient en priant le cercueil.
Enfin voici l'enclos funèbre,
Où petit, grand, humble, célèbre,
Viendra dans la bière à son tour;
Hélas! il n'en sait pas le jour.
Si ce lieu reçoit la Vieillesse,
Il reçoit aussi la Jeunesse...
La fosse est prête à l'engloutir;
Béante, elle veut se nantir...
Homme, prends ta place dernière :
Là, bientôt tu seras poussière!...
On entend un glaçant fracas,
Plus terrifiant que le glas!
Le croque-mort rabat la terre....
Songe-t-il que, lui, tributaire,
Demain peut descendre au tombeau...
Pour l'assistant, navrant tableau...

L'homme est dessous, le sol se ferme...
Pauvre mortel, c'est là le terme !...
Tout est fini ; l'obit est clos...
Moi, débordant, je dis ces mots :
« Homme zélé, ta bienfaisance
« N'a pas reçu sa récompense ;
« Au Ciel tu vas l'avoir... de Dieu !
« Au Ciel, non, plus d'ingrats... Adieu ! »

AUTRE ÉLÉGIE

A MON PÈRE

*Mes doléances sur la transformation en place publique
du cimetière où fut inhumé mon père..*

(Les deux Élégies suivantes se trouvent dans mon Opuscule
de 1852.)

Non, non, mon trop malheureux père,
Ton fils aujourd'hui ne peut pas,
Comme il fait pour sa tendre mère,
Sur ta tombe arrêter ses pas :
Prier sur les gazons modestes
Qui couvraient tes précieux restes ;
Se prosterner sur ton cercueil.
Là, versant d'abondantes larmes,
Pleines de tristesse et de charmes,
Te donner des marques de deuil.

Non, ce lieu jadis solitaire,
Où furent inhumés tes os,
De tant de corps dépositaire,
N'est plus un saint lieu de repos.
Les mortels ont fouillé les terres,
Leur fer a percé jusqu'aux bières
De leurs amis, de leurs aïeux !
Plus de tombe, elle est effacée ;
Des morts la cendre est dispersée ;
L'on n'y voit plus rien de pieux.

C'est là maintenant qu'on trafique ;
La foule avide ne voit pas,
Que, sur cette place publique,
On presse la mort sous ses pas !...
Entends donc, ô mon pauvre père,
Du fond de mon cœur la prière
Que pour toi j'adresse au Seigneur.
Tu fus bon, ta foi fut soumise :
Puisse ton âme, au ciel admise,
Jouir de l'éternel bonheur !

AUTRE ÉLÉGIE

A MA MÈRE

MES SOUVENIRS

Depuis le jour fatal qui vit mourir ma mère,
Depuis l'instant cruel qui m'en a séparé,
Que de regrets je sens ! quelle douleur amère !
Mon Dieu que j'ai pleuré !

Bien des ans ont coulé; la course fugitive
Du temps n'a pu calmer le deuil de l'orphelin :
Son cœur fut déchiré, la plaie est aussi vive.
      J'ai le même chagrin.

Dis-moi, mère adorée, en la sainte demeure
Où ton âme réside, au sein de l'Éternel,
N'aimes-tu plus ton fils? Sais-tu quand il te pleure?
      Vois-tu son deuil mortel?

Non, ton affection ne saurait être moindre.
Je te suis cher encor; le ciel est tout amour !
Tu prieras pour ton fils, il ira te rejoindre
      Au céleste séjour.

O ma mère, au moment — hélas, moment terrible ! —
Où l'âme touche au seuil de son éternité,
Je n'aurai plus personne... accours, rends accessible
      De Dieu la majesté.

Toujours ton sûr appui; ta fervente prière
Relevaient mon courage, affermissaient mes pas :
Dans le ciel, sois encor mon ange tutélaire :
      Tu le fus ici-bas.

Oh ! de quel dévouement tu m'as donné la preuve !
Chaque jour fut marqué par de tendres bienfaits :
Pour ton fils, mille fois, ton cœur fut à l'épreuve !
      Moi t'oublier... jamais !

Partout je te revois, partout je vois ta trace :
Les lieux que je parcours, tu les as parcourus.
Sur le seuil que j'habite, en cette même place,
      Tu naquis, tu mourus.

A ce lit, jeune enfant, lorsqu'expira mon père,
Triste tu m'apportas, pour me faire bénir !
A ce lit, j'ai reçu les adieux de ma mère,
    Et son dernier soupir.

Le voilà le clocher qui sonna son baptême,
Qui plus tard retentit du funéraire glas !
Hélas ! j'entends encor ce déchirant emblême,
    Annonçant son trépas !

Je l'ai vu ce trépas : j'ai vu la mort du juste !
J'ai vu le cœur prier, s'occuper de son sort,
L'âme attendre son juge, avec un calme auguste...
    Dans un corps presque mort !

Alors du Rédempteur je présente l'image :
Elle prend, baise et rend ce soutien des vertus.
Puis me serre la main, de son cœur dernier gage...
    Et ma mère n'est plus !

Son âme est devant Dieu... l'on va porter en terre
Son corps inanimé... c'est la fin de nos maux ;
C'est la route que suit l'espèce humaine entière :
    La route des tombeaux.

5º Du Sonnet.

—

Le sonnet est un petit poëme où l'art, l'élégance,
la richesse même doivent briller de toutes parts.
Les pensées en sont nobles et délicates, les images
en sont gracieuses et brillantes, sans phébus ni

clinquant, et les expressions choisies, sonores et mélodieuses.

Cette poésie embrasse plusieurs genres, depuis le familier noble jusqu'au sublime. C'est le sujet qui lui donne le ton, et son caractère est pris dans la nature de ce sujet.

Le sonnet est assujetti à de rigoureuses lois qui en font la sérieuse difficulté. Ces lois peuvent se résumer ainsi : deux quatrains de mesure pareille, avec deux sons ; huit fois la même rime. Ensuite deux tercets par le sens partagés. Dans ce petit poëme, aucune licence, pas de vers faibles, et qu'un mot déjà mis ne reparaisse pas dans le même vers.

Je vais transcrire ici trois sonnets modèles ; l'un par le poëte Voiture ; l'autre par Desbarraux ; le troisième par M. Despréaux. Puis deux des miens suivront. On verra quelle distance les sépare.

Ces cinq sonnets représentent tous les genres dans lesquels on peut écrire un sonnet : fleuri, sublime, gracieux et tendre, sentimental, familier noble.

SONNET PAR VOITURE

—

(Style fleuri.)

—

Ce sonnet est par plusieurs connaisseurs réputé bien fait.

—

Des portes du matin l'amante de Céphale
Ses roses épandait dans le milieu des airs,
Et jetait sur les cieux nouvellement ouverts
Ses traits d'or et d'azur qu'en naissant elle étale.

Quand la nymphe divine, à mon repos fatale,
Apparut, et brilla de tant d'attraits divers,
Qu'il semblait qu'elle seule éclairait l'univers,
Et remplissait de feu la rive orientale.

Le soleil, se hâtant pour la gloire des cieux,
Vint opposer sa flamme à l'éclat de ses yeux,
Et prit tous les rayons dont l'olympe se dore.

L'onde, la terre et l'air s'allument à l'entour,
Mais auprès de Phillis on le prit pour l'aurore,
Et l'on crut que Phillis était l'astre du jour.

Selon moi, ce sonnet peut paraître trop fleuri, trop figuré,
donnant par conséquent dans le phébus : enfin il offre trop
d'étalage.

Le *de, du, des,* dans le 1ᵉʳ vers; *d'or* et *d'azur* du 4ᵉ; *qu'il,
qu'elle* du 7ᵉ; *l'onde, la* terre, *l'air, l'entour* du 12ᵉ ne plai-
ront probablement pas non plus à tout le monde.

AUTRE SONNET PAR DESBARRAUX

—

(Genre sublime.)

—

Personne n'ignore que ce sonnet est un des plus beaux que la
poésie française ait jamais produits. — C'est le langage d'un
pécheur pénitent.

—

Grand Dieu ! tes jugements sont remplis d'équité.
Toujours tu prends plaisir à nous être propice ;
Mais j'ai tant fait de mal, que jamais ta bonté
Ne me pardonnera qu'en blessant ta justice.

Oui, Seigneur, la grandeur de mon impiété
Ne laisse à ton pouvoir que le choix du supplice :
Ton intérêt s'oppose à ma félicité,   .
Et ta clémence même attend que je périsse.

Contente ton désir, puisqu'il t'est glorieux ;
Offense-toi des pleurs qui coulent de mes yeux ;
Tonne, frappe, il est temps, rends-moi guerre pour guerre.

J'adore en périssant la raison qui t'aigrit :
Mais dessus quel endroit tombera ton tonnerre ;
Qui ne soit tout couvert du sang de Jésus-Christ.

La rigueur grammaticale n'admet pas aujourd'hui : *dessus
quel endroit* (13° vers). On pouvait parler ainsi autrefois. *Dessus mes volontés* (Malherbe). Maintenant il n'en est plus de
même. Il n'y aurait que le cas où dessus serait combiné avec
dessous, ou précédé de *de* : ôter de dessus la table. On a
cherché dessus et dessous la table.

La consonnance, ou batterie, *t'en-*, *te*, *ton*, *t'est* du 9° vers ;
de même ses trois *tom*, *ton*, *ton* du 13° ne peuvent plaire, à
moins qu'on ne veuille voir là une harmonie imitative.

AUTRE SONNET PAR M. DESPRÉAUX

—

(Genre gracieux et tendre).

—

SUR LA MORT D'UNE PARENTE

—

Nourri dès le berceau près de la jeune Orante,
Et non moins par le cœur que par le sang lié,
A ses jeux innocents enfant associé,
Je goûtais les douceurs d'une amitié charmante.

Quand un faux Esculape, à cervelle ignorante,
A la fin d'un long mal vainement pallié,
Rompant de ses beaux jours le fil trop délié,
Pour jamais me ravit mon aimable parente.

O qu'un si rude coup me fit verser de pleurs!
Bientôt, la plume en main, signalant mes douleurs,
Je demandai raison d'un acte si perfide.

Oui, j'en fis dès quinze ans ma plainte à l'univers;
Et l'ardeur de venger ce barbare homicide,
Fut le premier démon qui m'inspira des vers.

On pourrait peut-être censurer le second vers qui contient
dix monosyllabes de suite; et aussi dans le même vers la
répétition de *le*.

L'auteur (M. Despréaux), dit dans une lettre (15 juillet 1702),
en parlant de ce Sonnet : on ne m'a pas fort accablé d'éloges
sur ce Sonnet; cependant c'est une des choses de ma façon
dont je m'applaudis le plus.

AUTRE SONNET

—

(Genre sentimental).

—

SUR LA CHARITÉ

—

Que vois-je en ce réduit !... O pauvre humanité !
Transi de froid, souffrant, étendu sur la paille,
Un vieillard a soif, faim, gît sous l'infirmité !
Quel cœur n'est pas ému ? le stoïque en tressaille.

Mais toi, mortel heureux, — quelle diversité ! —
Pour égayer tes jours, tout s'anime et travaille...
Viens voir ; laisse en entrant ta sensualité
Au grabat de ce frère, aune ta fière taille.

Oui, ce pauvre est un frère, et quoique sanieux,
Il peut dire avec nous : *notre père est aux cieux.*
Ah ! que notre pitié ne reste pas stérile.

Riches, pauvres, souffrants, l'inscrutable décret
Classa chacun de nous dans un état labile,
Pour concourir au tout ; à Dieu seul le secret.

AUTRE SONNET

(Genre familier noble).

SUR LA LANGUE BONNE ET MAUVAISE
(Ma biographie).

Amis, soyez surpris; voyez donc quel mystère !
Pour Pierre je suis blanc; mais Paul me trouve noir.
Assez bon le matin, je ne vaux rien au soir.
Pourtant toujours le même, et certes fort sincère.

Abaissé, relevé, du public tributaire,
Me tenir de niveau n'est pas en mon pouvoir...
L'examen sérieux pourrait apercevoir
De ces traits opposés la cause élémentaire.

C'est la langue, vrai sphinx, aux bizarres effets;
Simple écho pour le bien, mais féconde en méfaits.
Tout est de son domaine, elle divague à l'aise.

Dans son petit palais, rien ne la contredit :
Souple caméléon, elle est bonne et mauvaise,
Remue et calme tout : Esope l'a bien dit.

Je n'indiquerai pas les défauts de ces deux derniers Sonnets.
Qu'on les contrôle à l'aise. Au reste, lisez, Censeur rigide, ces
vers du législateur de notre Parnasse, Boileau Despréaux.
    Apollon l'enrichit d'une beauté suprême,
    Un sonnet sans défaut vaut seul un long poëme.
    Mais envain mille auteurs y pensent arriver;
    Et cet heureux phénix est encore à trouver.

6º De l'Ode.

L'Ode était l'hymne, le cantique et la chanson des anciens. Il est naturel à l'homme de chanter : là se trouve le genre de l'Ode, quand, comment et pourquoi chante-t-il? voilà ce qui caractérise l'Ode.

Les louanges de la Divinité, celles des héros, la beauté de la nature, l'enthousiasme de l'admiration, l'ivresse de l'amour, le délire de la joie, même de la peine; la douce rêverie d'une âme qui s'abandonne aux sentiments, enfin tout ce qu'il y a de plus grand, de plus respectable et de plus magnifique dans la nature, voilà les émotions qui inspirent des chants à l'homme sensible; voilà ce qui fait la matière de l'Ode.

Un poëte qui fait une Ode ne saurait être trop brillant dans ses métaphores, trop magnifique dans ses expressions, trop audacieux dans ses figures. Qu'il s'abandonne à l'enthousiasme dont il doit être rempli; de là naîtra ce beau désordre qui n'est autre chose que le langage naturel d'un poëte entraîné par un feu vraiment digne du sujet qu'il veut célébrer.

Chez elle un beau désordre est l'effet de l'art.
(Boil.).

L'Ode embrassant son sujet sous un point de
vue vaste et complexe, n'est point comme la chanson ou la romance, astreinte à un petit nombre
de strophes ou stances.

———

ODE

—

Cette Ode et la suivante se trouvent dans mon opuscule de
1852. Celle-ci y est intitulée : *Avis au lecteur.*

—

N'ouvre pas, lecteur insensible,
Ce recueil, fruit de mes douleurs :
Ton œil sec, ton cœur inflexible,
Avec dédain verraient mes pleurs.
« Nargue, dis-tu, de la tristesse,
« Moi je ne veux que des plaisirs. »
Attends, le jour de la détresse
Réformera bien tes désirs.

Ami, toi dont la sympathie
Est acquise au doux sentiment,
Sans doute tu sens que la vie
Se double par l'épanchement.
Comme moi, n'as-tu plus ton père,
Dort-il le sommeil du cercueil?
Dort-elle aussi ta tendre mère?..,
Viens, avec moi revêts le deuil.

No compto pas, dans cet ouvrage,
Trouver les fleurs et l'ornement,
Ni le pompeux, ni badinage :
Ma lyre entonne gravement,
Sur un air simple et funéraire,
L'hymne des morts ; l'accent pieux,
Seul au cœur affligé, peut plaire ;
Avec le crêpe sied le mieux.

La mort, terreur de l'incrédule,
Mais l'espoir de l'homme de foi,
La mort, dans tout cet opuscule,
Va se présenter devant toi ;
Osons regarder au visage
Ce spectre qui doit nous saisir.
Allons, armés d'un saint courage,
De près voyons notre avenir.

AUTRE ODE

J'adressais cette Ode à mes élèves en 1852.

EXHORTATION A L'AMOUR DES PARENTS

Ecoute-moi, chère jeunesse,
Retiens à jamais ma leçon ;
Je veux stimuler ta tendresse,
Je veux éclairer ta raison... (1)

(1) *Fili, a juventute excipe doctrinam. Si inclinaveris aurem tuam, excipies doctrinam : et si dilexeris audire, sapiens eris.* ECCLÉ. 6, 18, 34.

7

— Qui donc a droit à ton hommage?
Qui doit être aimé sans partage?...
« — C'est Dieu, dis-tu, mon créateur ;
« Il est l'auteur de la nature : (1)
« Il aime tant sa créature !
« C'est lui qui mérite mon cœur. » (2)

— Bien, mes enfants... Oui, tout atteste
Que du néant Dieu nous tira.
Il étend, ce père céleste
Ses soins à tout ce qu'il créa... (3)
Qui force à rouler dans l'espace,
Ces corps bienfaisants, dont la trace
Anime la terre et les cieux? (4)
Qui pare le sol de la plante,
Nourrit ce que la terre enfante? (5)
Ce n'est pas l'homme ingénieux. (6)

(1) *Num quid non ipse est pater tuus, qui possidet te, et fecit, et creavit te.* Deut. 32, 6.
Qui creavit termines terræ. Isaie, 40, 28.

(2) *Nos ergo diligamus deum, quoniam deus prior dilexit nos.* 1 Joan. 4, 19.

(3) *Et nunc, domine, pater noster es tu, nos vero lutum : et pictor noster es tu, et opera manuum tuarum omnes nos.* Isa. 64, 8.
Et æqualiter cura est illi de omnibus. Sap. 6, 8.

(4) *Sol quidem, et luna, ac sidera cum sint splendida, et emissa ad utilitates, obaudiunt.* Baruch. 6, 59.

(5) *Pulchritudo agri mecum est.* Psal. 49, 12.
Firmans terram et quæ germinant ex ea : dans flatum populo qui est super eam, et spiritum calcantibus eam. Isa. 42, 5.
Quis præparat corvo escam suam? Job. 38, 41.

(6) *Num quid producis luciferum in tempore suo, et vesperum super filios terræ consurgere facies?*
Num quid nosti ordinem cœli, et pones rationem ejus in terra? Job. 38, 32, 33.

Et vous, dans votre tendre enfance,
Chétifs, réclamant mille soins,
Quelle est la douce providence,
Qui subvient à tant de besoins?... (1)
Le chef-d'œuvre de la nature
Va périr de faim, de froidure !
Il faut secours prompt, personnel.
Qui sauvera sa frêle vie?
Qui le chérit, le fortifie?...
L'image du Père éternel. (2)

Vous la connaissez cette image ;
Votre cœur dit son nom si doux,
Vous l'aimez aussi sans partage ;
Je vous entends murmurer tous :
« — Celle qui soutient ma faiblesse,
« Me prodigua tant de tendresse,
« Oh ! je lui donne mon amour !
« Elle est mon ange tutélaire !...
« Rien n'égale ma tendre mère !...
« Je l'aime plus de jour en jour. »

— Voyez aussi quels sacrifices
Par votre père affectueux !
Ne goûtez-vous pas les prémices
De tant de travaux fructueux?...
Comptez, comptez ses jours qu'il use,

(1) *Primam vocem similem omnibus emisi plorans, in involu-
mentis nutritus sum et curis magnis.* SAP. 7, 3, 4.

(2) *Quare egressus ex utero non statim perii?*
  Quare exceptus genibus, cur lactatus uberibus?
  Nunc enim dormiens silerem, et somno meo requiescerem.
JOB. 3, 11, 12, 13.

Et les plaisirs qu'il se refuse,
Toujours pour un rude labeur.
Votre avenir seul le tourmente ;
Vous êtes sa plus belle attente ;
Il ne veut que votre bonheur.

De vos parents, à vous instruire,
Qui sait l'ardeur, le dévouement ?
Bénissez Dieu qui les inspire ;
Et devenez leur ornement. (1)
Ignorez-vous que l'enfant sage,
Pour la famille, heureux présage, (2)
Dans son pays vit en honneur ? (3)
Il est la gloire de son père, (4)
Il est le bonheur de sa mère ; (5)
Le bon esprit règne en son cœur (6)

Combien d'enfants, sans chance aucune,
Et sans parents, et sans support ! (7)
Plaignez, plaignez leur infortune,
Et vous goûtez votre heureux sort.

(1) *Qui docet filium suum, in zelum mittit inimicum, et in medio amicorum gloriabitur in illo.* Ecclé. 30, 3.

(2) *Qui docet filium suum, laudabitur in illo et in medio domesticorum in illo gloriabitur.* Ecclé. 30, 2.
Et exaltabit illum apud proximos suos. Ecclé. 15, 4.

(3) *Si permanserit, nomen derelinquet plus quam mille.* Ecclé. 39, 15.

(4) *Filius sapiens lœtificat patrem.* Pnov. 15, 20.

(5) *Et exultet quæ genit te.* Pnov. 23, 23.

(6) *Requiescet super eum spiritus domini.* Isa. 11, 2.
Et spiritum tuum bonum dedisti qui doceret eos. 2 Esdr. 9, 20.

(7) *Vidi lacrymas innocentium, et neminem consolatorem.... cunctorum auxilio destitutos.* Ecclé. 4, 1.

Fils du malheur, sur eux sans cesse
pèse le poids qui les oppresse !... (1)
Pour quel crime sont-ils punis?... (2)
Et vous, jeune troupe d'élite,
Dites-nous donc votre mérite? (3)
Pourquoi vous êtes tant bénis! (4)

Ah! trouvez doux le saint précepte :
« Tes père et mère honoreras. »
Mais il est pour tous : Dieu n'excepte
Ni parents durs, ni même ingrats... (5)
Vous, mes amis, votre partage,
Type du céleste héritage,
Dès ici-bas vous rend heureux.
Aimez, chérissez l'existence
De vos parents ; la Providence
Bénira, comblera vos vœux. (6)

(1) *Maledictus ingrediens, et maledictus egrediens.* — *Cœlum œneum, terra ferrea.* Deut. 28, 19, 23.

(2) *Isti qui oves sunt, quid fecerunt?* 2 Reg. 24, 17.

(3) *Neque enim propter justitias tuas, et œquitatem cordis tui.* Deut. 9, 5.

(4) *Benedictus tu in civitate, et benedictus in agro.* Deut. 28, 3.

(5) *In opere et sermone, et omni patientia, honora patrem tuum.* — *Et si defecerit, veniam da, et ne spernas eum in virtute tua : eleemosyna enim patris non erit in oblivione. Nam pro peccato matris restituetur tibi bonum.* Ecclé. 3, 9, 15, 16.

(6) *Benedicetque cunctis operibus manuum tuarum,* Deut. 28, 12.

Et bene sit tibi in terrâ. Deut. 5, 16.

AUTRE ODE

Je composai cette ode en 1855. Elle parut dans le *Journal des Villes et Campagnes*, le 31 décembre 1855, n° 181, à l'article : *Mélanges scientifiques et littéraires.*

ODE

LE CADRAN SOLAIRE A L'HOMME

Air : *Que j'aime à voir les hirondelles, etc.*

Les ans, les jours, les heures même
Sont des pas vers l'éternité.
Tout marche et tend au but suprême,
Hélas ! avec rapidité.
Du temps si court tirons usure,
Sa course éclaire la raison ;
Et le cadran qui la mesure
Aussi donne grave leçon.

— Mortel, vois cette ombre mobile :
L'un de ses pas silencieux
Brisera ton être fragile,
Et pour toi, l'abîme ou les cieux !...
Prépare cette heure glaçante ;
Sage, fuis le mal, fais le bien ;
Ton juge, à la scène effrayante,
Est scrutateur, toi, sans soutien.

Le temps, comme une onde rapide,
Coule, pour ne plus revenir.
C'est une illusion perfide
De s'approprier l'avenir.
Chaque jour, en voyant cette ombre,
Dis : peut-être aujourd'hui pour moi !. .
S'il faut des morts grossir le nombre,
Es-tu prêt?... Ah ! veille sur toi...

Cherche donc ceux que la même heure
Avec toi vit paraître au jour;
Déjà l'éternelle demeure
S'est ouverte ! elle est leur séjour.
Pour eux l'existence s'abrège :
Combien ont subi le trépas !
Toi, tu vis... est-ce un privilège?...
Ton heure aussi vient à grands pas.

Ne permets jamais que ce monde
Absorbe les vœux de ton cœur :
Il n'est que l'épreuve féconde
D'où tu devrais sortir vainqueur.
Comme la plante printanière,
Tu quittes la terre où tu nais;
Mais l'autre sera la dernière :
Oui, là, tu vivras à jamais.

Tu vivras ! comprends ce langage
Comprends, qu'au vice, à la vertu
Ne peut échoir même partage :
Dieu ne confondra point l'élu.
Homme, juge-toi donc d'avance;
Conjure l'éternel malheur :

Alors l'heure de ta sentence
Sera l'heure de ton bonheur.

AUTRE ODE

Le lecteur ne désapprouvera peut-être pas que je place ici la traduction de l'ode, ou hymne latine si admirable que, sous l'ancien rit, on chantait aux vêpres du dimanche, et qui commence par ces mots : *O luce qui mortalibus*, etc.

Comme tout le monde n'est pas en état de sentir la beauté de la poésie latine, voici une traduction qui, d'après les connaisseurs, approche fort de la beauté du texte.

Cette pièce se trouve dans un petit livre intitulé : *La journée du pieux laïque.*

Le fond du sujet, ce sont les sentiments d'une âme chrétienne, à qui les jours de fête de l'église rappellent le souvenir de la fête éternelle que les élus célébreront un jour dans le ciel, et qui soupire après cet heureux jour.

ODE

Air : *Nos plaisirs sont légers*, etc.
Ou : *Grâce, grâce, suspens*, etc.

O Dieu, qui dans les feux des clartés éternelles,
Nous cachez ce séjour où les esprits heureux,

Dans un saint tremblemont, se couvrent de leurs ailes,
Voyant de votre front l'éclat majestueux.

Dans ce bas univers, un voile épais et sombre
Couvre nos pas errants : la foi seule nous suit.
Mais votre jour, Seigneur, dissipera cette ombre,
Et fera sans retour disparaître la nuit.

Ce jour, cet heureux jour, figuré par nos fêtes,
Vous nous le préparez, ô Dieu plein de bonté !
Le grand astre qui brille en son plein sur nos têtes
N'est qu'un faible rayon de sa vive clarté.

Que vous tardez longtemps pour une âme fidèle,
O jour après lequel nous devons soupirer !
Mais pour jouir de vous, ô lumière éternelle,
Du poids de notre corps, il nous faut délivrer.

Ah ! quand de ses liens notre âme dégagée
Jusque dans votre sein portera son essor,
Du torrent de vos biens saintement enivrée,
Vous louer, vous aimer sera son heureux sort.

Suprême Trinité, faites, par votre grâce,
Qu'à ce bonheur promis nos désirs soient fixés,
Et qu'un jour éternel succède au court espace
De ceux qu'en cet exil vous nous avez prêtés.

« Est-ce qu'on n'aime pas à lire et à relire de tels mor-
» ceaux, et mille autres où les chantres de l'amour divin
» redisent, sur le ton de la poésie lyrique la plus haute et la
» plus suave, tous les mystérieux besoins de l'âme humaine,
» ses éternelles aspirations et ses ineffables apaisements dans
» des jouissances qui ne sont pas de la terre. Est-ce que le

» lyrisme ancien à jamais atteint à de telles hauteurs. Hélas !
» il ne pouvait pas même les soupçonner. »

(Ces dernières réflexions sont empruntées à un
discours de Monseigneur Landriot.)

7° De la Cantate.

Cantate, ou ode en musique, est un petit poëme
fait pour être mis en musique, composé de réci-
tatifs et d'airs.

CANTATE

EMPLOI DU TEMPS

RÉCITATIF

Le cours de notre vie est le temps de semaille ;
Le sage le sait bien, dans ce but il travaille (1).
Vers son Dieu chaque jour il élève son cœur,
Offre dès le matin plaisir, peine et labeur (2).
En tout il voit ce Dieu, partout le glorifie ;

(1) *Quæ enim seminaverit homo hæc et metet.* GALAT. 6, 8.
  Unus quisque propriam mercedem accipiet, secundum
  suum, laborem. 1 COR. 3, 8.
  Opera enim illorum sequuntur illos. APO. 14, 13.
(2) *Per singulos dies benedicam tibi.* PSAL. 144, 2.
  Mane astabo tibi, mane exaudies vocem meam. PSAL. 5, 3, 4.
  Et opus manuum nostrarum dirige. PSAL. 89, 19.

Adore son saint nom, le chante et s'édifie (1).
Au delà du tombeau, voit l'immortalité.
Ici-bas commençant l'heureuse éternité (2),

Il prélude sur l'hymne, accord du chœur des anges,
Que chante l'âme pure, unissant ses louanges (3),
Cette hymne se résume : *aimer, louer, bénir !*
O suave harmonie, à toi puis-je m'unir !...

Les strophes suivantes peuvent se chanter sur l'air du
Noël : *Eh quoi ! tout sommeille,* etc.

Ou bien : *Votre divin maître, bergers, vient de naître,* etc.
(Saint Sulpice, n° 83.)

CHŒUR

Toute la nature (4) !
Est sa créature.
    Quel est le lieu
Où n'est pas notre Dieu ?
A chacun il donne,
Jamais n'abandonne ;
    Nous, en retour,
Donnons-lui notre amour.

---

(1) *Omnis terra adoret te et psallat tibi : psalmum dicat no-
mini tuo.* PSAL. 65, 3.
Semper laus ejus in ore meo. PSAL. 33, 1.
(2) *Spes illorum immortalitate plena est.* SAP. 3, 4.
(3) *Benedicite domino omnes angeli ejus.* PSAL. 102, 20.
Psallite domino sancti ejus. PSAL. 29, 4.
(4) Ces strophes qui se trouvent dans l'Opuscule de 1855,
sont tirées des Psaumes 32, 103 et 144.

UNE VOIX

Louons sans cesse
Avec allégresse,
Sa vive tendresse
Pour nous si pécheurs.
Comme un bon père
Dans notre misère,
Calmant nos douleurs,
Il sèche nos pleurs.

UNE AUTRE VOIX

Pour le louer mieux
Prions les saints anges,
Célestes phalanges,
D'unir nos louanges
A leurs chants pieux.
Redis, écho des cieux,
L'air harmonieux,
L'hymne joyeux.

CHOEUR

Toute la nature
Est sa créature :
Quel est le lieu
Où n'est pas notre Dieu ?
A chacun il donne,
Jamais n'abandonne :
Nous en retour,
Donnons-lui notre amour.

LES DEUX VOIX (1), SOPRANO ET TAILLE

Bénissons sa puissance,
   Sa grande bonté;
  Et sa clémence,
  Et sa majesté.
Chante, nature entière,
   La divinité;
  A ta manière,
  Dis l'immensité.

UNE SEULE VOIX

De son trône sublime,
Il commande à l'abîme,
Nourrit le vermisseau,
Gouverne le tigre et l'agneau.

LES DEUX VOIX

Les cieux, la terre et l'onde,
  Et les éléments,
  Tout dans le monde
  Suit ses jugements.
Pas un être rebelle
  Tout bénit son nom.
  L'homme infidèle,
  Seul, dirait-il non!

CHOEUR

Toute la nature
Est sa créature :

(1) On peut faire telle partition qu'il plaira : dessus, basse, etc.
L'air noté de saint Sulpice, n° 83, n'est qu'un unisson.

Quel est le lieu
Où n'est pas notre Dieu?
A chacun il donne,
Jamais n'abandonne;
Nous, en retour,
Donnons-lui notre amour.

Homme présomptueux, pour toi ce doux langage
Est fade et sans attrait : tu l'entends, mais ta rage
Préfère le bourbier où l'orgueil t'a plongé;
Où dans l'effroi tu vis, par le remords rongé.
Enfer anticipé, cruelle incertitude,
Qui bannit toute paix, engendre inquiétude. (1)
Tu ne veux entonner que l'hymne de la mort,
Invoquant le néant, tu l'acclames ton sort.
Du plus vil animal (2) cherchant la ressemblance,
Sans Dieu tu voudrais vivre, aussi sans dépendance...
Va, ce sort est mauvais, je ne te l'envîrai pas.
J'aime mieux espérer, prier jusqu'au trépas.

(1) *Impii quasi mare fervens, quod quiescere, non potest et
redundat fluctus ejus in conculcationem et lutum. Non est pax
impiis.* Isa. 57, 20.

(2) Du singe dont ces MM. libres-penseurs nous font l'honneur d'être la lignée. Voyez l'inconséquence, on veut des
ancêtres illustres, des titres et des particules, et l'on se com-
plairait dans la pensée qu'on est le descendant d'un singe!

Si ces MM. voulaient au moins tenir compte de l'intelligence
ils nous assigneraient peut-être pour aïeul, de préférence au
grimacier indocile, cet autre animal si plein d'intelligence et
de sentiment.

Au reste que l'athée matérialiste et libre-penseur habille,
garnisse et arrondisse tant qu'il voudra ses analogismes, ils se
réduisent forcément à la proposition que voici :

AUTRE CANTATE

—

LE VIEILLARD AU JEUNE HOMME

—

CANTATE DIALOGUÉE

—

Récitatif simple.

· ·

· ·

Un jour le singe SE *bifurquant, devint homme, sans pourtant que l'unité de singe cessât.*

M. l'athée, remarquez bien le SE, car vous manquez d'acteur tout puissant.

Dites-nous donc aussi, s'il vous plaît, d'où venait le premier singe... O pitié! pitié!... et dire que des hommes qui veulent passer pour graves raisonnent ainsi; n'est-ce pas là l'abâtardissement de l'humanité. Ce pêle-mêle d'utopies n'est-il pas à l'arrière de l'impulsion naturelle et religieuse vers les régions de la lumière. Ah! libres-penseurs, restez si vous le voulez, dans la région des ombres; gardez vos systèmes qui creusent des abîmes, font mourir les vertus et remplissent de perplexités. Pour nous, nous aimerons toujours, et mille fois mieux, chercher et tirer notre auguste origine dans les Saintes Écritures où nous voyons, avec un apaisement heureux et une espérance fondée, Dieu créateur se recueillant et rentrant en lui-même, pour y consulter le type éternel qui est le *Verbe fait homme,* avant de faire le chef-d'œuvre de ses mains : puis le créer à son image et à sa ressemblance; lui donner une âme vivante, et lui donner aussi la prééminence sur toutes les autres créatures...

Oui, oui athées, libres-penseurs, nos croyances, nos convictions sont plus douces, plus rassurantes et plus concluantes que vos folles et creuses aberrations.

LE VIEILLARD

Bien vivre, bien mourir : devise salutaire,
C'est l'homme tout entier ; c'est là l'unique affaire.
Fuir le mal n'est pas tout, il faut faire le bien,
Seul appoint au trépas ; tout le reste n'est rien...
Pour moi, j'entends sonner cette heure redoutable ;
Sur ma couche, j'attends l'arrêt inévitable ;
Et comme moi chacun, débile en ce moment,
Verra venir à lui la mort, le jugement.

LE JEUNE HOMME

Bah !... la mort !..., elle est loin ; c'est comme une om-
[bre vaine :
Pourquoi la craindre tant ? on l'aperçoit à peine...
En l'attendant, bravons, livrons-nous au plaisir.
N'avons-nous pas le temps de songer, de moisir ?
Et quand nous sentirons de nos vieux ans la glace,
Il faudra bien alors plier, céder la place...

LE VIEILLARD

Oui, je vois : les plaisirs, les travaux et l'intrigue
T'occupent tout entier : rien, rien que la fatigue
Ne suspend ton ardeur... distrait, tu ne vois pas,
Presque tous tes amis victimes du trépas !...
Pour tes contemporains l'existence s'abrège,
Et toi tu vis encor !... serait-ce un privilège !...
Insensé ! non la mort ne te préviendra point ;
Sur tout âge et tout rang âpre elle tombe à point...

LE JEUNE HOMME

Vous voulez m'effrayer ; ne sais-je pas qu'en somme,
Tôt ou tard ça viendra, c'est le sort de chaque homme..

Pourtant je l'avoûrai, vos avis, sur l'esprit,
Ne sont pas sans effet; moi, j'en suis circonscrit...

LE VIEILLARD

Regarde autour de toi, turbulente jeunesse,
Où sont-ils donc déjà ces objets de tendresse,
Qui comme toi faisaient, dans le premier élan,
Effort pour bégayer ce nom si doux, *maman*.
Quel vide dans les rangs ! O perte regrettable!
La mort seule a tout fait : Oui, cette impitoyable
A voulu décimer, envahir le troupeau :
Comme un loup ravissant a fondu sur l'agneau...

LE JEUNE HOMME

C'en est fait, je me rends : vos raisons, je les goûte.
A mon cœur la foi parle, et sa voix je l'écoute...
Oui, sur nous le trépas fond à pas de géant,
Et les plus beaux projets vite sont à néant...
On ne meurt qu'une fois, affaire décisive ;
Jeune ou vieux, il est bon d'être sur le qui-vive :
L'arrêt, dans cette affaire, éternise le sort ;
Après la mort on vit, n'attendant plus la mort.
Du principe à la fin, la distance est minime ;
Cela donne la clef de cette autre maxime :
Le bonheur ici-bas n'est qu'un songe trompeur
Dont un triste réveil détruit la douce erreur.

RÉCITATIF MESURÉ. — UNISSON

ENSEMBLE, LE VIEILLARD ET LE JEUNE HOMME

L'heure dernière
Est créancière.
Que tout mortel

A son appel,
Pût, sans confondre,
Toujours répondre :
Salut, ô mort,
Toi, de mon sort,
Suprême arbitre !
Je sais ton titre :
Depuis longtemps
Moi, je t'attends.
A la conquête
Mon âme est prête.

ENCORE ENSEMBLE, ET MÊME TON

Non, le trépas
Ne surprend pas,
Quand, sans relâche,
On fait sa tâche.
Oisiveté,
Frivolité
Ne font que vide ;
Rendent avide.
Certes, plaisir
Produit désir...
Et l'amertume
Est le posthume.
La paix du cœur
Fait le bonheur.

ENCORE ENSEMBLE, LE VIEILLARD ET LE JEUNE HOMME ;
MAIS NON A L'UNISSON

RÉCITATIF CONCERTANT ET ACCOMPAGNÉ

Non, non, le plaisir éphémère
Jamais ne pourra rendre heureux.

Bientôt, hélas ! sa coupe amère
Verse un contenu douloureux.
Le remords survient et tourmente ;
Mais, banni soit le désespoir !
Que dans la foi soit toute attente ;
Alors la mort est tout espoir.

CANTATILLE

HARMONIÉE ET MODULÉE (1)

Pour être chantée à une distribution des prix, au moment où l'on va appeler l'enfant qui a mérité le prix d'honneur.

—

Musique d'un des chœurs de la DAME BLANCHE,
avec une très-légère modification.

—

1re VOIX. — TAILLE OU TÉNOR

Quelle est donc cette fête
Qu'en ces lieux on apprête ?

2° VOIX. — SOPRANO

Est-ce un accueil pompeux,
Pour quelqu'athlète heureux ?

BASSE-CONTRE. — SOLO

Pour de nobles héros qui, fiers de la victoire,
Parmi vous sont venus en recueillir la gloire ?

(1) Je composai en 1837 cette cantatille, qui fut chantée à la distribution des prix de mon établissement.

DESSUS OU ALTO. — SOLO

Bientôt, bientôt vous allez voir
Nos héros en savoir.

CHOEUR. — SOPRANO, TAILLE, BASSE

Parais, parais, enfant ! ta gloire étonne.
Parais, parais, toi, courageux vainqueur !
Viens, viens recevoir la couronne   (*bis.*)
Qui va combler, qui va combler ton vrai bonheur. (*bis.*)

1re VOIX

Oui, faites-le paraître :
Je voudrais le connaître.

2o VOIX

Quel est donc cet enfant,
Ce jeune triomphant ?

SOLO DE BASSE (1)

Tant d'éclat, d'affluence
N'est dû qu'aux grands guerriers ;
Et là... des écoliers.

SOLO. — DESSUS

Sachez bien que l'enfance,
Souvent par excellence,
Moissonne les lauriers.

ENSEMBLE. — SOPRANO ET TAILLE

Ah ! permettez qu'on le répète,
Vite, appelez l'heureux athlète.

(1) Cette cantatille étant harmoniée pour faire scène et ensemble, chaque partition doit avoir un caractère propre : ainsi la basse, par exemple, doit chanter gravement ses solo.

UNE PETITE VOIX DOUCE, SIMULANT UN ÉCHO LOINTAIN,

— SOLO

Parais, parais, enfant ! ta gloire étonne.
Parais, parais, toi, courageux vainqueur !
    Viens, viens recevoir la couronne   (*bis.*)
    Qui va combler (*ter*) ton vrai bonheur.   (*bis.*)

LE CHOEUR REPREND

Parais, parais, etc.

1re VOIX

Pour le chanter,
Prenons la lyre.

2e VOIX

Pour le fêter,
Brûlons la myrrhe.

SOLO. — DESSUS (*très-lentement*).

Attendez... et silence ! il paraît, je le vois !...

SOPRANO, TAILLE ET BASSE (*même ton, lentement*).

.... Acclamons, d'une voix.

TOUT LE CHOEUR

Parais, parais, enfant ! ta gloire étonne.
Parais, parais, toi, courageux vainqueur !
    Viens, viens recevoir la couronne   (*bis.*)
    Qui va combler (*ter*) ton vrai bonheur.   (*bis.*)

FIN DE LA TROISIÈME PARTIE

Voici une observation dont la place rationnelle doit être ici, avant la quatrième partie :

—

Le genre dramatique ne peut et ne doit pas figurer dans ce recueil : un drame étant une œuvre entière, et d'un trop long cours.

Je composai jadis deux drames : l'un, sur le système métrique, fut représenté, en 1840, par les élèves de mon établissement. Plusieurs des lecteurs de ce recueil en auront été spectateurs, ou même acteurs.

Mon autre drame, tragi-comique, est intitulé : *Mes procès.*

QUATRIÈME PARTIE

—

DE LA POÉSIE DIDACTIQUE

—

Ce genre de poëme est un tissu de préceptes exprimés d'une manière harmonieuse et poétique. Il a pour objet les sciences, les arts, les mœurs et la religion. Les sciences, comme le poëme de Lucrèce sur la nature; les arts, comme les Géorgiques de Virgile, la poétique d'Horace et celle de Boileau; les mœurs, comme les Épîtres d'Horace; et la religion, comme les poëmes de Louis Racine.

Il est bien entendu que je ne parle ici que du didact poétique, et non du didactisme en général.

Dans la poésie didactique, il faut éviter les sujets arides, et dont les détails épineux ne sont pas susceptibles d'images. Ces images doivent avoir une parfaite conformité avec le caractère de la personne à qui l'on parle, ou avec la nature de la chose que l'on veut dépeindre.

Un poëme didactique ne se lirait guère sans ennui, si l'auteur ne mêlait, à l'aridité des enseignements, des descriptions, ou sorties pittoresques, et s'il ne savait varier ses épisodes, et même certaines fictions, de manière à faire oublier, par une agréable distraction, le sérieux et l'austérité de la froide leçon. Malgré tout, il faut convenir que, si le cœur et l'intelligence n'y cherchaient un aliment assimilatif et salubre, la lecture n'en serait pas attrayante.

Toutes les règles de la bonne poésie en général sont applicables au poëme didactique. Sa forme la plus favorable est celle de l'épître.

L'épître n'a point de style déterminé; elle prend le ton de son sujet, et s'élève ou s'abaisse suivant le caractère et la qualité de ce sujet. Dans l'épître philosophique, comme dans tout le didactique, la partie dominante doit être la justesse et la profondeur du raisonnement.

Je ne donne pas ici un poëme didactique, ce qui ne cadrerait pas avec le plan d'un recueil, mais bien quelques morceaux qui, par leur objet et par leur nature, ont trait à ce genre de poésie. Ils seront suivis d'une épître, en huit paragraphes, sur l'oraison dominicale.

AVIS

—

Qu'on ne s'étonne pas si les pièces suivantes, que je donne pour le genre didactique, sont toutes dans le sens religieux :

1º Ce sont les plus utiles;

2º On ne pourrait guère, selon moi, traiter convenablement et assez brièvement, pour faire partie d'un *Recueil*, les autres objets du didact, à savoir, sciences, arts, mœurs.

Enfin je présume que mes lecteurs *sympathiques* ne me sauront pas mauvais gré de cette seule application du genre; et que même cette quatrième partie sera celle qui aura leur préférence : ils y trouveront constamment l'application, souvent la traduction, des Saintes Écritures.

1º Tableau mimique et panoramique à l'épure de la philosophie chrétienne.

—

Nunc autem in me-met ipso marcessit anima mea, et possident me dies afflictionis. Job. 30, 16.

Corpus enim quod corrumpitur, aggravat animam, et terrena inhabitatio deprimit sensum. Sap. 9, 15.

Caligavit oculus meus, et membra mea quasi in nihilum redacta sunt. Job. 17, 7.

Pelli meæ, consumptis carnibus, adhæsit os meum, et derelicta sunt tantummodò labia circa dentes meos. Job. 19, 20.

. . . .
. . . .

Est-ce dans un moment de souffrance et d'effroi,
Qu'on peut tout réparer, qu'on est maître de soi ;
Sur le lit de douleur, l'âme encore prisonnière,
Avec les sens usés, s'engourdit toute entière.
Le cercle de l'idée, en se rétrécissant,
Laisse peu de raison au pauvre languissant.
Dans un passé confus que veut-on qu'il démêle ;
Le présent seul l'occupe, il voit tout pêle-mêle...
O moment déchirant, où le pauvre mortel,
Assiégé par la mort, soutient ce choc cruel
Qui va le terrasser, qui doit le mettre en poudre,
Où l'âme fuit le corps tout prêt à se dissoudre !
Nous la subirons tous cette commune loi :
Ce moment n'est pas loin, ce moribond... c'est moi...
Oui, je me vois d'avance à l'instant où la vie
N'est plus qu'un léger souffle, à la triste agonie,
Baigné par tout le corps de la froide sueur,
Pronostic du trépas, et son avant-coureur :
Pour la dernière fois, jetant sur l'assemblée
Ce regard inquiet qui peint l'âme troublée...
Mais voilà que mes yeux se ferment doucement,
Tout objet disparaît, et terre et firmament.
Enfin tout cesse en moi ; tout cesse... aussi la fièvre ;
L'âme prête à partir et sur ma pâle lèvre...
« Entre vos mains, Seigneur, je remets mon esprit
« Ah ! ne confondez pas l'espoir d'un cœur contrit. » (1)

(1) *In manus tuas domine, commendo spiritum meum...*
In te Domine speravi, non confundar in œternum. Psal. 30.
Dernières paroles prononcées par saint François-Xavier, l'a-

· ·
· ·

Miseremini mei, miseremini mei, saltem vos amici mei, quia manus domini tetigit me. Jon. 19, 21.

Eribit tibi Dominus in lucem sempiternam. Isa. 60 20.

Hi qui cum pietate dormitionem acceperunt, optimam habent repositam gratiam. 2 Mach. 12, 45.

Quis mihi tribuat, ut in inferno protegas me, ut abscondas me, donec pertranseat furor tuus, et constituas mihi tempus, in quo recorderis mei? Jon. 14, 13.

Sancta et salubris est cogitatio pro defunctis exorare ut a peccatis solvantur. 2 Mach. 12, 46.

(Les versets latins qui sont en tête, sont la base et le substantiel de chacune de ces deux tirades.)

· · · · · · · ·   · · · · · · · · · · · · · · · ·   · · · · · · · · · · ·
· ·

Vous au moins, mes amis, ah ! que votre prière,
Calmant le bras de Dieu, me rende à la lumière...
O bonté de mon Dieu ! tu veux que le mortel,
Par son humble prière, aux pieds de ton autel,.
Tout indigne qu'il est, fléchissant ta justice,
T'apaise ; et par ses vœux, qu'il te rende propice
Aux maux que, loin de toi, dans la privation,
Dans des feux dévorants, lieu d'expiation,
Endurent pour un temps ces âmes bien-aimées,
Du désir de rentrer dans ton sein animées.
Tu le veux, O Dieu bon ! et l'homme n'aurait pas,
Pour un frère, avant lui, ravi par le trépas,

pôtre des Indes, lorsqu'il expira, le 2 décembre 1552, sur la petite île de Sancian, ou Saint-Jean, à 20 lieues au sud de Macao.

Un vœu !... peut-être un jour, dans ce tourment extrême,
Il attendra secours des amis, pour lui-même ..
Du cœur dur évitons les trop cuisants remords;
Devenons généreux, et prions pour les morts.

2° Stances.

On nomme Stance un nombre arrêté de vers, formant un sens parfait.

Stance ne diffère de strophe, couplet, qu'en ce que la stance forme un sens parfait, non suspendu, et peut n'avoir ni précédent ni subséquent. Au reste ces trois mots sont pour ainsi dire synonymes. Couplet se dit des chansons, romances, cantiques; stance et strophe des odes.

Les douze stances qui suivent forment un philosophème et naturel et chrétien.

POUR LE MERCREDI DES CENDRES

PENSÉES TIRÉES DES SAINTES ÉCRITURES

Memento, homo, quia pulvis es, et in pulverem reverteris.
GEN. 3, 19.

Enfant de la terre,
Connais ton destin :
Rentrer en poussière,
Est ta triste fin.

Quis est homo qui vivet, et non videbit mortem. PSAL. 88, 47

> Tout ce qui respire,
> Hélas ! doit un jour,
> Dans le sombre empire,
> Descendre à son tour.

Homo brevi vivens tempore, repletur multis miseriis.
JOB. 14, 1.

> O destins sévères !
> Naître pour souffrir,
> Rempli de misères,
> Puis bientôt mourir !

Dies mei sicut umbra declinaverunt. PSAL. 101, 12.

> Je vivais à peine,
> Et mes plus beaux jours,
> Comme une ombre vaine,
> Ont passé si courts !

Mihi heri et tibi hodie. ECCLÉ. 38, 23

> Vois comme on succombe !
> Hier c'était moi ;
> Aujourd'hui la tombe
> Peut s'ouvrir pour toi.

Rex hodie est, et cras morietur. ECCLÉ. 10, 12.

> Roi, dans l'opulence,
> Tu braves la mort ;
> Demain ta sentence
> Fixera ton sort.

Nihil aufer et secum de labore suo. ECCLÉ. 5, 4.

> L'homme intrigue, entasse ;
> Agrandit son bien ;

Et quand il trépasse,
Qu'emporte-t-il?... rien.

Solum mihi superest sepulchrum Job. 17, 1.

Que dis-je, un partage
Reste à son orgueil ;
Ce riche apanage
Sera le cercueil

Simul in unum dives et pauper. Psal. 48, 3,
Parvus et magnus ibi sunt. Job. 3, 19.

Pauvreté, richesse,
Faiblesse et grandeur,
Tout vient là, tout cesse,
Là tous font horreur.

Et qui casi putredo comedendus suum Job. 13, 28.
Et spiritus redeat ad Deum qui dedit illum. Ecclé. 12, 7.

Le corps, cette idole,
Pourrit en ce lieu...
Mais l'âme s'envole,
Retourne vers Dieu.

*Ut referat unusquisque prout gessit, sive bonum, sive
malum.* 2. Cor. 5, 10.

O moment de transe !
Seuls, le bien, le mal
Sont dans la balance,
Au grand tribunal.

Ibit homo in domum æternitatis suæ. Ecclé. 12, 5.

Dans quelle demeure
Va l'homme immortel?...
Quand a sonné l'heure
Du sort éternel !...

OBSERVATIONS

SUR LA PIÈCE QU'ON VA LIRE DE L'AUTRE PART

—

La pièce de vers suivante est une prière à la Sainte Vierge : demande de secours, pour vivre sagement et chrétiennement.

C'est le *Memorare* de saint Bernard paraphrasé. La forme acrostiche n'a été donnée que parce que les mots de cet acrostiche concourent à l'effet de la prière.

Le texte du *Memorare* est d'un côté, et la traduction paraphrasée en regard.

Les intervalles formant des alinéa-alignés n'arrêtent ni ne suspendent le sens. Ces intervalles ne sont que pour préciser la signification des mots de l'acrostiche.

NOTA. Je déposai jadis cette pièce de vers, comme ex-voto, dans une petite chapelle dédiée à la Sainte Vierge ; elle y est encore appendue, en forme de tableau-carton.

(Cette dernière note a pour but de déterminer l'inclinaison sans fixité des personnes qui auraient pu voir cet *ex-voto* dans ladite chapelle.)

3° Memorare.

—

Memorare, ó piissima
Virgo Maria, non esse
Auditum à sæculo quemquam,
Ad tua currentem præsidia,
Tua implorantem auxilia,
   Esse derelictum.

Ego, tali animatus
   Confidentia,
   Ad te, Virgo,
Virginum, mater,
   Curro :

   Ad te venio.
   Coram te
   Gemens

   Peccator
   Assisto.
Noli mater verbi,

   Verba mea
   Despicere ;
Sed audi propitia,
   Et exaudi,
   Maria. .

   Amen.

Paraphrase.

—

Sainte Vierge Marie, en ce paisible asile,
Aux pieds de votre image, à la grâce docile,
Nul pécheur ne viendra réclamer votre appui,
Ce secours tout puissant, sans ressentir en lui
Tout l'effet qu'il attend de la miséricorde
A laquelle il s'adresse, et qui toujours accorde.

Moi, plein de confiance, et plein d'un tel espoir,
Animé par la foi, sûr de votre pouvoir,
Reine du ciel, vers vous je viens dans ma misère,
Invoquer votre nom, refuge tutélaire ;
A la Vierge sans tache adresser tous mes vœux.

Oh ! qu'un gémissement devant vous rend heureux !
Rien certes, jamais rien ne vaudra votre empire.
A vos pieds prosterné, je veux toujours vous dire :

Priez, priez pour moi ; pour moi pauvre pécheur.
Rendez-moi plus fervent, donnez la paix du cœur.
Oh ! non, mère du Christ, de la divine grâce,

Non, ne méprisez pas mes cris dans la disgrâce ;
Oubliez les écarts, ménagez mon retour.
Bénissez mes desseins, rendez-moi votre amour.
Ici donc je vous crie, ô Marie, ô ma mère,
Soyez, soyez propice, exaucez ma prière !

       Ainsi soit-il.

9

PRIÈRE DU MATIN

—

TEXTE LATIN. PSAU. 142 ET 89.

—

PSAL. 142, 9. *Auditam fac mihi mane misericordiam tuam :*
Quia in te speravi.

— 10. *Notam fac mihi viam, in qua ambulem :*
Quia ad te levavi animam meam.

— 11. *Eripe me de inimicis meis Domine, ad te*
confugi :
Doce me facere voluntatem tuam, quia Deus
meus es tu.

— 12. *Spiritus tuus bonus deducet me in terram*
rectam :
Propter nomen tuum, Domine, vivicabis me
in æquitate tua.

— 13. *Educes de tribulatione animam meam :*
Et in misericordia tua disperdes inimicos
meos.

ÉLÉVATION DE L'AME

AU MOMENT DU RÉVEIL

—

**Plan de conduite : espérance : rectitude et droiture dans la
voie à suivre : assistance et bénédiction demandées.**

—

Dès le matin, Seigneur, écoutez ma prière :
Que la miséricorde exerce son pouvoir :
Elle en attend l'effet mon âme prisonnière.
Mon Dieu ! j'espère en vous, et n'ai pas d'autre espoir.

Qu'il me soit bien connu le sentier qu'il faut suivre :
Seul, je ne puis qu'errer; ils me perdraient mes goûts :
Seigneur, dirigez-moi; pour vous seul je veux vivre.
Mon âme en son exil s'élève jusqu'à vous.

Des ennemis du bien l'audace inspire crainte :
Délivrez-m'en, Seigneur, à vous seul j'ai recours.
Que j'apprenne à garder votre volonté sainte :
N'êtes-vous pas mon Dieu, mon soutien, mon secours.

Que votre bon esprit me devienne propice,
Et dans les sentiers droits qu'il conduise mes pas.
Seigneur, affermissez mon cœur dans la justice;
Je louerai votre nom, je ne cesserai pas.

Les tribulations, l'anxiété, le doute
Assiègent mon esprit; qui les dissipera?
Ces ennemis nombreux, je les hais, les redoute;
Votre miséricorde au loin les chassera.

— 14. *Et perdes omnes qui tribulant animam meam :*
Quoniam ego servus tuus suum.

PSAL. 89, 17. *Et sit splendor Domini Dei nostri super nos,*
et opera manuum nostrarum dirige super nos :
Et opus manuum nostrarum dirige.

Gloria Patri, et Filio,
Et Spiritui sancto.

Sicut erat in principio, et nunc, et semper;
Et in sæcula sæculorum.

Amen.

De tentateurs malins une cohorte infâme
Se presse autour de moi, sous un masque flatteur :
Seigneur, perdez-les tous, car ils troublent mon âme,
Et daignez me bénir, moi votre serviteur.

Que de Dieu la splendeur sur moi brille et me guide :
De mes mains les efforts, sans cette aide, sont vains.
Que Dieu les bénissant à mes labeurs préside.
O Seigneur, conduisez toute œuvre de mes mains.

Gloire au Père éternel, Dieu créateur des mondes :
Et gloire égale au Fils, Dieu bon, Dieu rédempteur :
Et gloire au Saint-Esprit, dont les grâces fécondes
Font naître amour et paix, vrai Dieu consolateur.

Il dit haut l'univers : telle était votre gloire,
Dès le commencement, ô sainte Trinité :
Telle encore et toujours; et nous, après victoire,
Puissions-nous la chanter toute l'éternité.

       Amen.

PRIÈRE AVANT LE SOMMEIL

—

TEXTE LATIN

—

Umbræ enim transitus est tempus nostrum. Sap. 2, 5.

Breves dies hominis, numerus mensium apud te est. Job. 14, 5.

Noli esse pusillanimis in animo tuo. Ecclé. 7, 9.

Viriliter age, confortetur cor tuum. Psal. 26, 14,

Nescit homo finem suam. Ecclé 9, 12.

In te Domine speravi; non confundar in æternum. Psal. 30, 1.

In manus tuas, Domine, commendo spiritum meum. Psal. 30, 6.

Redemisti me Domine, Deus veritatis. Psal. 30, 6.

Custodi me Domine ut pupillam oculi. Psal. 16, 9.

Sub umbra alarum tuarum protege me. Psal. 16, 9.

Angelis suis mandavit de te, ut custodiant te. Psal. 90, 11.

In pace in idipsum dormiam, et requiescam. Psal. 4, 9.

PRIÈRE AVANT LE SOMMEIL

—

Revue sommaire des actes de la journée. — Résolutions et confiance. — Garde et protection implorées.

—

Encore un jour de moins... il a fui comme l'ombre...
Combien pour moi de jours?... je n'en sais pas le nombre...
De tout le temps passé, quel nonchalant emploi!...
Demain ferai-je mieux.... si demain est à moi!...
Votre miséricorde, ô mon Dieu, me rassure :
Serais-je confondu, moi, votre créature....
Entre vos mains, Seigneur, je remets mon esprit :
Il est empreint, grand Dieu du sang de Jésus-Christ...
Gardez-moi bien, Seigneur, mes forces sont si frêles !
Protégez ma faiblesse à l'ombre de vos ailes...
Que mon Ange gardien ne me quitte jamais :
Puissé-je ainsi dormir, et reposer en paix...

4° Epitre sur l'Oraison dominicale.

AU LECTEUR RELIGIEUX ET SYMPATHIQUE

AVANT-PROPOS

L'Oraison Dominicale! formule enseignée par le Sauveur lui-même. Apprenez-nous à prier, demandent un jour les Apôtres. L'adorable maître répond : (1) quand vous prierez, priez en secret, et n'affectez point de parler beaucoup. Voici comme vous prierez : *Notre Père qui êtes aux cieux, etc.*

Ainsi l'homme si petit, si faible, quand il se mesure même avec la nature, peut néanmoins parler au Roi des Rois : et pour cela, il lui suffit du même discours; de ce chef-d'œuvre qu'on nomme le *Pater,* auquel rien de ce qui est humain ne peut être comparé.

Je m'empresse de déclarer que plusieurs pensées de cette *Epître* sont tirées des huit sermons prêchés à la chapelle des Tuileries, en présence de LL. MM. l'Empereur et l'Impératrice, pendant le carême de 1866, par M. l'abbé G. Deguerry, curé de Sainte-Madeleine de Paris, prédicateur ordinaire de l'Empereur.

(1) *Ora patrem in abscondito.—Orantes autem nolite multum loqui. — Sic ergo vos orabitis : Pater noster qui es in cœlis, etc.* Matth. 6. 6. 7. 9.

L'éminent prédicateur, dont le talent oratoire
est depuis longtemps connu et apprécié en France,
prit pour sujet de ses huit conférences du carême
précité l'explication de l'Oraison dominicale,
« prière admirable, nous dit-il lui-même, dans
son premier exorde, simple et sublime tout à la
fois, à la portée du plus jeune enfant et à la hau-
teur du plus grand génie ; prière qui contient la
substance de tous nos biens et de tous nos de-
voirs ; prière avec laquelle nos mères nous appri-
rent sur leurs genoux, les éléments de la langue
que nous parlons. »

Cette divine prière fut récitée sur nous à notre
baptême ; cette récitation proclamait alors que
nous devenions enfants de Dieu. Il est une autre
circonstance où on la récite encore sur nous,
c'est à l'instant de la mort ; à ce moment décisif,
elle proclame que nous allons participer à l'héritage de notre père.

PROLOGUE DE L'ÉPITRE

OREMUS

*Præceptis salutaribus moniti et divina institutione formati
audemus dicere,*

TRADUCTION LIBRE :

Lecteur, recueillons-nous... Cette oraison sublime
Du ciel est descendue : elle est faite pour nous.
Oui : c'est Dieu qui prescrit : d'une voix unanime,
Osons, quoique pécheurs, la dire au nom de tous.

§ 1ᵉʳ

Notre Père qui êtes aux cieux.

—

Dieu si grand ! si puissant ! se suffit à lui-même ;
Nous devons d'exister à son amour suprême.
Sa Providence agit et veille sur chacun ;
Il ne refuse pas le secours opportun.
Position diverse, état humble ou sublime,
Tous du néant tirés, son souffle nous anime.
Bien plus, il nous adopte, il nous veut pour enfants ;
Dans sa gloire il voudrait nous voir tous triomphants.
Oui, nous sommes égaux, tous enfants d'un seul père.
Dans le fort et le faible on doit donc voir un frère.
Deshérités du monde et pauvres malheureux,
Dites, vous avez droit, *notre Père est aux cieux !*
Le grain de senevé, grand arbre qui protège
Pour tous est un abri, jamais de privilège.
Notre Père est aux cieux... Les cieux aussi pour nous !
L'y voir, le posséder... que cet espoir est doux !

Amen.

§ II

Que votre nom soit sanctifié.

—

Le nom de Dieu, c'est lui ; c'est sa divine essence ;
Et le sanctifier, c'est croire à sa présence.
Le brin d'herbe l'a dit, comme le firmament :
Que l'homme ouvre les yeux, bénisse à tout moment.
Le savant le bénit dans sa pieuse extase.
Le pauvre aussi bénit, sous le faix qui l'écrase,
S'il joint à ses labeurs la bonne volonté,
De Dieu recevant tout, même l'adversité.
L'enfant, lui, le bénit, dans sa tendre innocence,
Qand ses petites mains se joignent en silence.
Enfin ce livre ouvert de la création
Commande à chaque endroit sanctification.
Voilà du nom de Dieu le vrai, le saint usage.
Homme, toi de ce Dieu la plus frappante image,
Ne va pas — ô blasphème ! ô monstruosité !
Souiller jamais ce nom de la Divinité.

    Amen.

§ III

Que votre règne arrive.

—

Dieu doit régner en nous ; mais qu'est-il donc ce règne ?
Ce n'est pas un tyran qui veut que tout le craigne.
C'est un père indulgent, et son joug est bien doux.
Par sa grâce ici-bas il régnera sur nous.
Demandons-la souvent : *Que votre règne arrive !*
Cette grace puissante, en éclairant, ravive.
Les funestes courants... céderont aux efforts :
La lutte nous rendra plus vigilants, plus forts.
Votre grâce, ô Dieu bon ! et certes, la victoire,
Fruit d'un courage aidé, nous obtiendra la gloire...
Ah ! la gloire avec Dieu ! se reposer en lui !
Notre cœur inquiet délivré de l'ennui !
Jouissant de tout bien, jouissant de Dieu même !...
C'est après cet exil, la demeure suprême.
Que votre règne arrive ! aux cieux possession !
Plus de faim, plus de soif, plus d'aspiration !

Amen.

—

§ IV

Que votre volonté soit faite, sur la terre comme au ciel.

—

Dieu tire du néant, anime la nature ;
La fin, les facultés donne à la créature :
A tout être créé sa législation ;
Aussi chaque être suit sa destination.
De l'atôme au soleil, cet ordre s'exécute :
Végétal, instinctif, tout va, pas un ne lutte...
Hélas ! à l'homme seul de rester insoumis.
Il est libre ; il abuse, il peut jusqu'au mépris.
Au milieu du concert de ces voix concordantes,
Lui peut faire éclater des notes discordantes ;
Oublier, dédaigner les droits du Créateur.
Il peut... ô triste abus ! blasphémer son auteur !...
Arrête, ingrat, entends ! ton cœur plein d'amertume,
Traduit la loi de Dieu ; ton excès la résume.
Écrite, proclamée en tout temps, en tous lieux,
Cette loi fut pour tous un phare lumineux.

Amen.

—

§ V

Donnez-nous aujourd'hui notre pain quotidien.

—

La chute originelle engendra la misère,
Les tourments de la faim, tous les maux de la terre :
Maux de l'âme et du corps; mais Dieu, père si bon,
Certes, ne nous a pas laissés à l'abandon.
Or pour tous ces besoins, dans sa miséricorde,
Il entend nos soupirs, il subvient, il accorde.
S'il nous fait demander le *pain de chaque jour,*
C'est pour que nous sachions qu'ici-bas le séjour
N'est qu'un laps incertain : *Demain* n'est pas le nôtre.
La demande du pain, sans en formuler d'autre,
Est le blâme effleurant les sensualités
De l'homme qui se fait tant de nécessités.
Quant à l'âme, sa faim ne peut être assouvie
Que par la vérité, seul et vrai pain de vie.
Dieu, c'est la vérité ! donc lui seul peut nourrir
Cette âme qui languit; lui seul peut la guérir.

Amen.

—

§ VI

*Pardonnez-nous nos offenses, comme nous par-
donnons à ceux qui nous ont offensés.*

—

Oui, nous offensons Dieu : pour nous pas d'espérance
Si le pardon ne vient effacer notre offense.
Toute offense est d'un droit la violation
Qui réclame toujours une expiation.
Dieu n'a-t-il pas des droits?... Homme à peine viable,
Sans ce moteur divin, de rien tu n'es capable.
Dans notre frêle état, tout de Dieu nous tenons :
Proclamons donc ses droits, et, soumis, *pardonnons...*
C'est là le prix qu'il met à l'oubli de nos chutes :
Il donne la mesure, ajustons-y nos luttes.
Pardonnons... mais, loin, loin ! haine, orgueil, âpreté ;
Indifférence aussi : place à la charité !
Tirons, tirons profit d'une offense... ah ! minime !
Le fait d'un ennemi, quand même d'un intime...
Mais s'il faut pardonner, mon Dieu, combien de fois?
Tant que je suis pécheur ; là, je n'ai pas le choix.

Amen.

—

§ VII

Et ne nous laissez pas aller en tentation.

—

Homme présompeux, dans la chute de Pierre,
Vois, pour l'esprit humain, le besoin de prière.
Veillez donc et priez, dit le maître divin,
Pour pouvoir résister au tentateur malin.
Qui prévoit le combat, s'y prépare d'avance ;
Se tient sur le qui-vive, est plein de vigilance.
Dieu porterait-il donc à la tentation ?...
Non, mais il la permet, pour la perfection.
L'homme tombé devint jouet de convoitise ;
De plus, l'ange déchu contre nous se cotise.
Orgueil, cupidité, volupté ! trois tyrans :
Un seul nous briserait. Ah ! fuyons ces satans.
Plaçons-nous sous la croix, c'est le signe de gloire.
Ce labarum sacré conduit à la victoire.
La grâce nous suffit : elle nous guidera.
Aide-toi, dit le sage, et le ciel t'aidera.

Amen.

—

§ VIII

Mais délivrez-nous du mal.

—

Mon Dieu, quel triste sort! que de maux nous assiègent!
Mal moral, mal physique; aussi nos jours s'abrègent.
L'homme vit peu de temps, ce laps encor rempli
De misères, de deuil; puis la tombe et l'oubli.
Par sa chute asservie, à souffrir condamnée,
Dieu, votre créature est tout infortunée.
Ayez pitié de nous, nous sortons de vos mains :
Pour retourner à vous, redressez les chemins.
Délivrez-nous du mal, du suicide de l'âme,
Du péché le grand mal, du quiétisme infâme.
Des douleurs, des sanglots... s'il faut punition,
Accordez-nous au moins la résignation.
Délivrez-nous du mal! ma prière assidue
Sait le chemin du ciel, elle en est descendue.
Qu'il s'éloigne de nous le calice des maux!...
Mais votre volonté... sur elle est mon repos.

Amen.

—

Je ne puis mieux terminer cette épître qu'en citant textuellement un alinéa de la dernière péroraison de l'éloquent prédicateur, M. Deguerry. Ce morceau, parfaitement senti, admirablement exprimé, remuant profondément toutes les fibres de l'âme, sera le *compendium* parfait des huit paragraphes de mon épître :

« Telle est cette divine prière. C'est en la réci-
« tant que nous devons commencer et finir nos
« journées; c'est sous sa vertu que nous devons
« placer nos travaux, c'est par son concours qu'il
« faut résoudre les difficultés qui nous assaillent
« dans l'ordre de la nature et dans l'ordre de la
« grâce; c'est cette prière qui doit nous couvrir
« comme une armure dans nos tentations, nous
« consoler dans nos souffrances, et nous faire
« mériter la gloire du courage, de la résignation
« et de la patience. C'est cette prière qui doit
« éclairer pour nous, d'une lumière douce et pré-
« cieuse à l'esprit comme au cœur les ombres de
« la mort lorsqu'elles viennent d'envelopper, ou
« qu'elles vont envelopper une existence bien-
« aimée et nécessaire à la nôtre; c'est cette prière
« qu'il faut déposer comme une couronne d'im-
« mortalité sur les tombes pleines de nos affec-
« tions, et où nos souvenirs avec nos regrets veil-
« lent douloureusement. »

Eh bien! moi j'ajoute : quelques justes et belles explications que l'on puisse donner, quelle que

soit la richesse des moyens oratoires, le génie
humain n'atteindra jamais si haut, et restera toujours beaucoup inférieur aux divines paroles de
l'adorable maître. Oui, tous les orateurs, les pré-
dicateurs, les savants de la terre réunis ne pourraient point produire une oraison si simple et si
sublime à la fois; parlant si directement au cœur
de l'homme; répondant si sensiblement à tous ses
besoins et à toutes ses aspirations.

Peut-on réciter cette céleste prière sans ressentir un frisson de foi respectueuse et sans
éprouver en même temps la douceur de la confiance filiale ?

Récitons-la donc avec cette foi et cette confiance :

*Notre Père qui êtes aux cieux, que votre nom
soit sanctifié; que votre règne arrive, que votre
volonté soit faite sur la terre comme au ciel; donnez-nous aujourd'hui notre pain quotidien; pardonnez-nous nos offenses, comme nous pardonnons
à ceux qui nous ont offensés; ne nous laissez point
aller en tentation, mais délivrez-nous du mal.*

Amen.

En terminant, j'affirme que partout où, dans
ce *Recueil*, je me suis servi du bien d'autrui, j'ai
indiqué scrupuleusement la source où j'ai puisé.

POSTFACE

—

Lecteur sympathique, vous à qui j'ai adressé, comme à un *ami*, ce petit ouvrage, trouvez-vous — malgré les imperfections — que j'aie comblé la mesure de l'épigraphe, *l'utile et l'agréable?* Si oui, je suis content, et bien récompensé.

Peut-être votre goût est-il tacitement contrarié d'avoir, dans cet opuscule, rencontré tant de tirades sur la mort, et que cette triste pensée y paraisse et reparaisse si souvent, comme un spectre importun...

Un instant.., veuillez me suivre encore.

Quand on doit, à *telle époque,* faire un voyage d'un long cours, on y pense souvent, on fait ses préparatifs : c'est rationnel. — Quel départ fut jamais si certain et *époque* si incertaine? — Voyage sans retour! — Oh! non, non, ne détournons pas nos regards; au contraire fixons résolûment et fructueusement ce point d'inévitable attraction.

Au reste, ce penser salutaire n'avance ni ne retarde le moment fatal; mais il empêche la surprise. C'est ma conviction profonde, et ce sont mes motifs.

Non, ne le craignons pas ; cette sainte pensée
Ne hâte point la mort, toujours fort empressée ;
Mais son effet certain serait tout simplement,
Que l'homme, en l'attendant, vivrait plus sagement. (1)

(Mon opuscule de 1852.)

(1) *Memento novissima tua, et in æternum non peccabis.*
ECCLÉ. 7, 4.

Remarquons que ces sages paroles ne s'adressent pas seulement à la vieillesse, mais à l'âge mûr, à la jeunesse, à l'enfance même. En effet, du tout petit enfant au vieillard caduc, que de deuil intermédiaire ! Mon Dieu, quelle hécatombe de victimes et surtout de jeunes victimes ! ! !

ÉPILOGUE

—

ROMANCE

—

Air : *En soupirant j'ai vu naître l'aurore.*
Ou bien : *Je songe à toi au lever de l'aurore.*

AU LECTEUR

Ce recueil lu, l'ouvrirez-vous encore?
Ou, dans l'oubli, le verra-t-on moisir.
Combien d'écrits que la mite dévore,
Pourraient instruire en charmant le loisir.   (*Bis*).

Pauvres auteurs, creusez-vous donc la tête?
Vos beaux discours, tous vos chants, vos travaux
Meurent souvent, après bien courte fête :
De même nous, nos plaisirs... et nos maux.   (*Bis*).

Lecteur *ami*, si moi, j'ai su vous plaire ;
De mes accents si vous goûtez l'emploi,
J'ose compter sur ce digne salaire :
Quand vous prirez, souvenez-vous de moi.   (*Bis*).

FIN.

TABLE DES MATIÈRES

CONTENUES DANS CE RECUEIL

—

FIN DE LA TABLE

Alençon. — E. De Broise. — Mai 1870.